또 한 번의 프랑스

하영동·홍성애 지음

Once again France

maronie

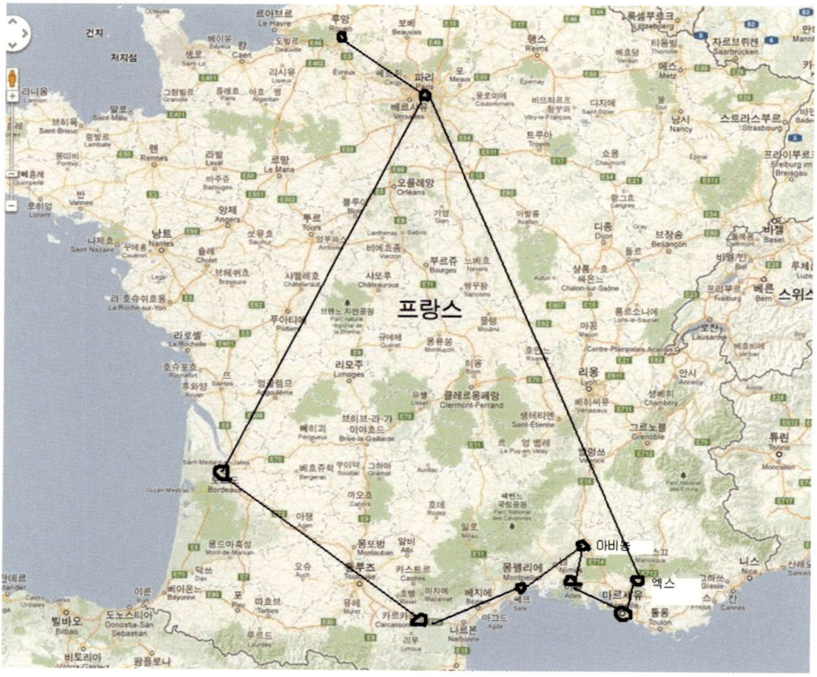

[프랑스 여정]

“한 번 가본 곳을 또 가는 것이야말로 여행의 묘미다.” 이전에 보지 못했던 걸 볼 수 있어서가 아니다. 산천은 의구한데 오는 ‘나’만 바뀌어 있다는 것, 내가 늙어간다는 것, 그런 달콤한 멜랑콜리에 젖어드는 것, 그것이야말로 다시 가는 여행에서만 느낄 수 있는 정조라는 뜻. … 자신이 변했다는 것을 알려면 이래서 여행을 떠나야 하고 그것도 예전에 가봤던 곳으로 가야한다.(김화영)

프롤로그

여름이면 아내와 나는 어디론가 훌쩍 떠났었다. 여기, 익숙한 곳에서 맛보는 편안함보다는 문 밖, 낯선 곳의 모험과 발견, 새로움에 더 끌렸었다. 나의 세상은 문 밖에 있었고, 나는 그곳에서 자유였고, 삶의 활기를 되찾았었다. 에너지를 충전하여 돌아와서 또 새로운 여름을 기다리며 1년을 버티기를 십 수 년.

그런데 2018년부터 우리의 여름은 사라졌다. 아내가 아팠다. 수술을 받고 반 년 정도 요양생활을 했다. 꼼짝할 수 없는 시간이었다. 나는 문 안에서 제자리걸음만 했다. 다행히 아내는 이전처럼은 아니어도 회복되어가고 있고, 어느정도 일상도 가능해졌다.

아프기 전까지 쉼 없이 일하며 앞만 보고 달렸던 아내에게 요양하면서 뭔가 할 수 있는 일이 필요했다. '은퇴하면 여행하면서 글을 쓰는 여행기고가가 되고 싶다'고 항상 입버릇처럼 말했던 아내에게 나는 그동안 우리가 여행했던 추억을 되살려 글을 한 번 써보라고 권했다. 원체 여행을 좋아했던 아내는 떠나지 못하고 꼼짝할 수 없는 현실을 받아들이고, 건강을 회복해서 다시 예전처럼 떠날 수 있기를 희망하며 글쓰기에 착수했다.

설상가상 2020년, 재앙에 버금가는 전염병이 창궐하였다. 설 전날, 우한에 괴질이 돈다는 뉴스를 접했을 때 나는 그게 남의 나라 이야기인줄 알았다. 1월 20일인가, 국내 첫 확진자가 나왔다는 뉴스를 볼 때도 그 심각성을 깨닫지 못했다. 꽃망울 터뜨리던 초봄까지도 나는 코로나바이러스가 그냥 왔다가 곧 떠나게 될 불쾌한 방문자쯤으로 생각했다. 그런데 코로나는 기록적인 장마에도, 역대급 폭우와 폭염에도, 태풍에도 꿈쩍도 하지 않았다. 잠시의 휴가조차도 떠나지 않고 끈질기게 우리 곁에 머물러 있었다.

그러는 사이 나는 생소하기만 했던 '비대면'과 '언택트'에 익숙 되어 갔다. 1학기 내내 모든 강의는 비대면으로 진행되었다. 여름 계절학기도 비대면으로 하였다. 학사 일정이 늦어지면서 방학이 짧아졌지만 그래도 기다리던 여름방학이 왔다.

바이러스 시대의 방학!

나도, 그 어느 누구도 감히 문 밖을 벗어날 수 없는 방학. 코로나의 시간은 길어지고 그 끝은 아직 보이지 않는다. 언제 다시 여행을 갈 수 있을지 기약도 할 수 없으니 방구석에서라도 지난 여행을 추억하며 위로하는 시간이 많아졌다. 그렇게 기억 저편의 여행을 추억하며 정리한 것이 한 권의 책이 되었다.

2013년 여름, 나는 프랑스에 있었다. 아내와 함께(일주일 후 딸도 합류) 프랑스를 방문한 것은 13년 만이었다. 체류기간은 3주. 이 기간 동안 우리는 유학시절의 추억이 서려있는 장소들을 방문하기도 하고 5년간의 유학시절 동안, 또 2000년 가족 유럽배낭 여행 때 가보지 못했던 미술관과 예술가들의 삶의 흔적이 남아 있거나 작품의 배경이 되었던 곳들을 주로 돌아다녔다. 오베르 쉬르 우아즈, 바르비종, 아를, 엑상프로방스, 마르모탕 미술관, 오랑주리 미술관, 파브르 미술관 등등.

이 책은 그 3주간의 기록이다. 그러면서 동시에 그때 여행이 소환시켰던 80년대 유학시절의 단편적 추억의 기록이기도 하다. 이 책은 사적인 경험을 적고 있지만 그동안 가르치면서 또 스스로 배우면서 알게 된 '객관적인' 정보들도 담고 있다. 그렇지만 이 책은 단순한 여행 정보나 지식을 전달하는 것을 목표로 하지는 않는다. 다만 여행과 그림을 좋아하는 사람들이 떠나기 전 다른 사람의 여행의 행태는 어땠는지 한번쯤 읽어봐도 괜찮지 않을까 생각해 본다.

마스크 아래서 벌써 세 번째 계절을 맞이한다. 바깥은 눈부시게 빛나는데 코로나로 인한 칩거는 기약 없이 길어지고 있다. 2학기 수업마저도 비대면으로 이루어지고 있다. 바이러스 시대가 종식되어 떠나고 싶을 때 어디론가 훌쩍 떠날 수 있는 날을 기대하며 포근한 구름과 낙엽에 반사되는 가을 햇살이 눈부시게 아름다운 날.

우산동 집에서

하영동

TABLE DES MATIERES

마르모탕 미술관과 퓌토

파리에서 첫 밤을 보냈다. 생각보다 일찍 일어났다. 그동안의 여행 습관 때문인 것 같다. 10박 12일간의 발칸 패키지여행을 마친 어제, 함께 했던 일행들과 베네치아 공항에서 아쉬운 작별을 했다. 그들은 귀국길에 오르고, 우리 부부는 파리 행 비행기를 탔다. 헤어질 때 김동한 어르신으로부터 받은 커피믹스와 어젯밤 집 앞 슈퍼에서 산 바게트와 요구르트, 바나나 등으로 아침을 먹었다. 호텔에서 먹던 식사에 비할 바는 아니지만 나름 괜찮은 식사였다.

오늘의 첫 행선지는 마르모탕 미술관. 숙소에서 멀지 않은 곳에 있어 산책 삼아 서서히 걸어갔다. 가는 길에 트로카데로에서 에펠탑을 배경 삼아 기념사진을 찍었다. 난 8년 만이고 아내는 13년 만이다.

에펠탑 앞에서

폴 두메 거리를 따라 걸었다. 라 뮈에트 지하철역을 지나니 조각상 하나가 눈에 띄었다.

"어~ 저것 뭐지?"

"뭔지 가서 한번 볼까?"

라 퐁텐과 그의 우화, 까마귀와 여우 조각상

가까이 가서 보니 17세기 우화 작가로 잘 알려진 라 퐁텐(1621-1695)과 그의 우화 속에 등장하는 까마귀와 여우가 함께 조각되어 있다. 누가 언제 조각하였는지는 알 수 없었지만 미술관 가는 길에 뜻하지 않게 만난 인상적인 작품이었다.

파리에서는 종종 뜻하지 않게 길거리에서 예술 작품과 마주치게 된다. 파리가 지닌 매력 중의 하나다. 조그마한 공원을 지나니 한적한 주택가에 있는 미술관 하나가 눈에 들어왔다. 마르모탕 미술관(Musée Marmottan Monet)이다.

마르모탕 미술관

'마르모탕'은 기부자(가문)의 이름이다. 폴 마르모탕은 자신과 그의 아버지 쥘 마르모탕이 수집한 회화, 조각, 가구, 도자기 등의 컬렉션을 저택과 함께 프랑스 예술 아카데미에 기증하였고, 아카데미는 1934년 그의 이름을 따서 미술관을 설립하였다. 그 후로는 후원자들의 기부를 통해 지속적으로 컬렉션의 규모를 늘려나갔다. 1957년 인상주의 추종자 중의 한 사람인 조르주 드 벨리오 박사의 컬렉션(마네, 모네, 피사로, 시슬레, 르누아르 등이 그의 환자다)을 그의 딸, 도노 몽쉬로부터 기증받았다. 1966년에는 모네의 둘째 아들 미셸 모네가 그의 아버지의 많은 회화 작품들을 기증하였다. 1980년에는 아트 딜러였던 조르주 윌덴스타인이 수집한 중세와 르네상스 시대의 희귀 채색 사본 컬렉션을 그의 아들 다니엘 윌덴스타인이, 1990년대에는 19세기 여류 화가였던 베르트 모리조의 후손들이 모리조의 작품과 가구 등을 기부하였다. 그 이전에 모리조도 직접 자신의 작품들을 이 미술관에 기부한 바 있다. 이처럼 마르모탕 미술관은 화가나 화가의 가족, 후원자들의 기부를 통해 컬렉션의 규모를 늘려가면서 자신만의 특성을 구축할 수 있었다.

마르모탕 미술관은 모네와 인상주의 화가들, 모리조의 컬렉션으로 이름이 높다. 이 미술관은 모네와 모리조의 작품을 포함하여 마네, 드가, 시슬리, 피사로, 르누아르 등 300점이 넘는 인상파와 신인상파의 작품들을 소장, 전시하고 있다. 그중 가장 대표적인 작품이라면 단연 모네의 〈인상, 해돋이〉(1872)를 들 수 있을 것이다. 이 그림은 센 강 하구에 있는 노르망디의 항구도시 르아브르에서 그려졌다고 추정된다. 모네는 1874년 4월 15일, 사진작가 나다르가 제공한 그의 스튜디오에서 첫 전시회를 개최하고 이 작품을 출품하였다.

나는 오래전부터 이 작품을 직접 보고 싶었다. 내가 제일 먼저 마르모탕 미술관을 찾은 이유도 지금까지 화보에서만 보아왔던 모네의 이 그림을 빨리 보고 싶은 마음에서였다. 미술관에는 모네의 발자취를 순차적으로 감상할 수 있도록 〈수련〉, 〈생라자르 역〉 등과 같은 그의 다른 작품들이 한 공간 안에 배치되어 있는데, 〈인상, 해돋이〉만은 단독으로 전시되어 있었다. 나는 이 작품을 보고, 또 보고, 또 보았다. 서서도 보고, 앉아서도 보며 그림이 마르고 닳도록 마음껏 보았다. 화보에서 보았던 그림보다 실제 그림은 더 밝은 느낌이었다.

모네, 〈인상, 해돋이〉(1872), 위키피디아

모네는 순간의 느낌과 감각을 중요시한 화가였다. 〈인상, 해돋이〉 역시 해가 수평선 너머로 떠오르는 순간에 나타나는 빛의 변화와 물의 출렁임 등의 인상을 그대로 표현하고 싶었던 모네가 재빠른 붓질로 그려낸 그림이다. 해가 뜨는 현장을 포착하고자 자세한 묘사가 생략되어 태양도, 하늘도, 배도, 어부의 모습도 모두 명확하지 않다. 고르지 못하고 듬성듬성한 붓질과 정확하지 않은 모사 때문에 그때 당시의 사람들에게 이 그림은 대충 그리다 만 것 같은, 마치 스케치만 한 것 같은 느낌을 주었을 것이다. 아니나 다를까, 이 그림이 세상에 첫선을 내보였을 때 비평가인 루이 르루아가 풍자신문 〈르 샤리바리〉 1874년 4월 25일자에 모네의 〈인상, 해돋이〉 작품을 "그 인상만큼은 확실"하지만 "유치한 벽지보다 못하다"라고 악평을 쏟아냈다. 루이 르루아 외에도 많은 평론가들에게 악평을 받았는데, 당시 아무도 훗날 이 그림이 미술사의 한 획을 긋는 그림이 되리라고는 예상하지 못했을 것이다. 하지만 많은 명화들이 동시대인들의 몰이해와 충격 속에서 탄생되듯 이 그림은 후에 인상주의의 가장 대표적인 작품 중의 하나로 자리매김하였다.

지하층에서는 마리 로랑생(1883-1956)의 특별전이 열리고 있었다. 화가이자 시인이었고, 한때는 아폴리네르의 연인이었던 마리 로랑생. 그림과 사랑에 대한 열정으로 꿈 많고 고독한 삶을 산 여자. 마리 로랑생은 1883년 파리에서 멜라니-폴린 로랑생의 사생아로 태어났다. 1902년 여성들에게는 무료로 개방된 윙베르 아카데미의 오후반에 등록하여 소묘를 배웠고, 그곳에서 피카비아, 르파프, 브라크 등을 만났다. 1906년 브라크의 소개로 피카소를 알게 되었고, 다음해에 피카소의 소개로 몽마르트의 바토-라부아르에서 아폴리네르를 만났다. 두 사람은 이내 사랑에 빠져 서로의 예술 세계를 누구보다도 잘 이해하는 정신적 반려자가 되었다. 하지만 두 사람의 사랑은 실패로 끝난다. 1915년 6월 30일 마들렌 파제스에게 보낸 편지에서 아폴리네르는 다음과 같이 고백한다.

"나는 1907년에 화가인 한 처녀에게 찬탄을 넘어서지 않는 일종의 미학적 호감을 느꼈고, 아직도 여전히 그 감정을 지니고 있습니다. […] 그 상태가 1913년까지 계속되다가 그때부터 그녀는 나를 더 이상 사랑하지 않았습니다."[1]

마리 로랑생,
위키미디어 커먼스

'그녀'는 마리 로랑생이다. 아폴리네르와 6여 년의 사랑을 통해서 자신의 내면에 내재한 영감과 독창적인 재능을 깨닫게 된 마리는 이 기간 동안 그녀의 그림 중 가장 뛰어난 작품들을 생산하였다. 그녀는 1907년 〈화병 속의 꽃〉이라는 작품을 앙데팡당 전[2]에 출품하였고, 1912년에는 파리에서 들로네와의 공동전시회를 시작으로 바르셀로나(입체파전), 쾰른, 암스테르담(현대예술전) 등에서 전시회를 개최하여 재능을 인정받고 명성을 얻었지만, 사랑은 이루지 못하고 1914년 아폴리네르와 결별을 맞이했다. 그 후 그녀는 돌연 독일 사람인 오토 폰 바트겐과 결혼해 버린다. 얼마 후 제1차 세계대전이 발발하면서 독일인으로 국적이 바뀌었던 마리는 더 이상 조국 프랑스에 발붙일 수 없는 신분이 되고 말았다. 그녀가 귀국을 허락받은 때는 1920년, 그녀가 37살 되던 해였다. 아폴리네르는 전쟁 중에 이미 세상을 떠나고 없었다. 귀국한 이듬해에 마리는 독일에 있는 남편과도 이혼하였다. 이후 세상을 떠나기까지 30년 이상의 세월 동안 그녀는 여러 차례의 만남과 이별을 겪으면

---

1 기욤 아폴리네르 시집 『알코올』, 황현산 옮김, 열린책들, 2010, p.196.

2 1884년 봄은 살롱 심사가 매우 엄격하였다. 이때 생긴 많은 낙선자와 반 아카데미즘 화가들이 독립예술가 집단(Groupe des Artistes Indépendants)을 조직, 동년 여름 이를 개편, 독립예술가협회(Sociétés des Artistes Indépendants)로서 연말에 제1회전을 열었다. 이것이 오늘날까지 계속되는 앙데팡당 전의 발단이며 무심사, 무상을 원칙으로 하고 소정의 비용을 내면 누구라도 자유로이 일정한 점수까지 출품할 수 있다. 처음의 중심인물은 오딜롱 르동, 조르주 쇠라, 폴 시냐크, 뒤부아 피에 등이며 반 고흐, 앙리 루소, 툴루즈 로트렉, 폴 세잔, 앙리 마티스 등도 자주 출품하였다.

서도 변함없이 그림에만 몰두했다. 그녀를 열광시킨 것은 오직 그림밖에 없었다. 자유로운 정신의 소유자였던 마리 로랑생. 그녀는 순간을 영원처럼 강렬하게 살았던 당대 최고의 여류 화가였다. 마리 로랑생은 자기가 죽으면 하얀 드레스를 입혀주고, 붉은 장미꽃과 옛 연인의 시집을 가슴에 얹어 묻어달라는 유언을 했다고 한다.

사후 세계에서까지 진정 사랑했던 이의 모습을 기억하기 위해서였을까? 그녀에게 가장 아픈 것은 '진통제'(Le Calmant)라는 시에 쓰인 것처럼 연인을 잊고 연인으로부터 잊히는 것이었는지도 모르겠다.

진통제

권태보다 더한 것은
슬픔

슬픔보다 더한 것은
불행

불행보다 더한 것은
괴로움

괴로움보다 더한 것은
버림받은 것

버림받은 것보다 더한 것은
외로움

외로움보다 더한 것은
떠도는 것

떠돎보다 더한 것은
죽음

죽음보다 더한 것은
잊히는 것

뜻하지 않게 그녀의 작품들을 한꺼번에 감상할 수 있는 기회가 주어져서 너무 좋았다. 특별전의 매력이다. 찬찬히 음미하며 작품들을 감상했다. 로랑생은 주로 여자, 꽃, 동물 등을 주요 소재로 삼아 그렸는데, 그녀의 작품들은 원근감이 별로 없는 평면적 화폭 구성이 특징이다. 형태가 단순하고 파스텔 톤의 감미로운 색채 배합이 두드러진다. 거기에 우수에 찬 눈매를 가진 인물들, 그 인물들이 꿈꾸는 듯한 환상적인 분위기를 자아낸다. 인간의 애정을 갈구하는 듯한 표정의 동물들이 많이 등장하는 것도 그녀 작품의 특징이다. 마리 로랑생의 특별전인데 그녀의 대표적인 작품이라 할 수 있는 〈샤넬의 초상〉은 보이지 않았다. 아쉬웠다.

미술관을 나오니 점심시간이 훨씬 지나있었다. 작품을 감상할 땐 배가 고픈 줄도 몰랐는데 밖에 나오니 허기가 확 느껴졌다. 근처 제과점에서 참치 샌드위치와 콜라를 사서 미술관 주변에 있는 파리의 최첨단 패션거리를 걸으며 먹었다. 눈은 보는 즐거움의 호사를 누리고, 입은 맛있는 음식을 먹으며 행복해하니 여행하는 즐거움이 배가 되는 느낌이 들었다. 파리에서는 길거리에서 음식을 먹는 데 체면치레를 할 필요도 없고, 남의 눈치를 보지 않아도 되니 좋다. 샌드위치를 먹으며 길거리 아이쇼핑을 즐기는 사이 어느새 숙소 앞에 다다랐다. 미술관을 관람하느라 피곤함이 몰려들어 잠시 숙소에서 쉬었다. 어느 정도 에너지가 충전되자 다시 힘을 내서 퓌토(Puteaux)에 가보기로 했다.

퓌토는 1986년 9월, 처음 파리에 도착하여 19구 벨빌(Belleville)의 차이나타운에 스튜디오를 구하기 전까지 두어 달을 보낸 곳이다. 지하 1층에, 지상 2층의 아담한 정원이 딸린 전원주택이었다. 집주인이 사는 1층에는 욕실과 세탁실이 있었고, 지하에는 식당이 있었다. 우리가 살던 2층 방에는 세면대가 있어 양치는 할 수 있었지만 샤워를 하려면 1층으로 내려가야 했다. 또 밥을 해먹기 위해서는 온갖 양념과 식기도구를 쟁반에 들고 지하층까지 내려가야만 해서 생활하는 데 불편하기가 이루 말할 수 없었다. 하지만 방값이 쌌기 때문에 가난한 유학생인 우리는 그 불편을 감수해야만 했다.

파리 근교에 위치하고 있는 퓌토는 주변 여건이 좋고, 공기까지 좋아 전원주택이 많은 부촌지역이다. 우리가 이곳에서 정원이 있는 프랑스 정통의 2층 집에서 집값을 싸게 내며 살 수 있었던 것은 행운이었다. 집주인은 70이 넘은 노부부였다. 이분들은 삶이 너무 외로워서 젊은 사람들에게 싼값에 방을 세주고, 그들과 대화를 나누고 생활하면서 삶의 활기를 얻고 싶어 했다. 돌이켜보면 집주인이었던 노부부와 그들의 가족을 통해 우리는 짧은 기간이었지만 프랑스의 전통과 문화를 접하면서 많은 것을 보고 배울 수 있었다.

나는 그곳에서 생활한지 얼마 안 돼서 크게 아팠던 적이 있다. 2년 3개월의 군대 생활이 끝나자마자 진도와 광주, 서울을 오가며 유학 준비로 정신없이 보내다 제대로 쉬지도 못한 채, 제대 한 달 만에 프랑스까지 날아온 후유증이었다. 그때 나는 무엇을 먹기만 하면 토해 완전 탈진 상태가 되었다. 집주인이 병원을 소개해 주었지만 아직 의료보험증이 없어 갈 수가 없었다. 1주일 정도를 끙끙 앓다 왠지 한국 음식을 먹으면 나을 것만 같아 비틀거리는 몸을 이끌고 한국 식당을 찾아 '비싼' 한국 음식을 먹었다. 1주일의 생활비가 한 끼 식사비로 지불되었다. 그런데 다행히 한국 음식을 먹고 난 후 거짓말처럼 몸이 서서히 회복되기 시작했다. 프랑스 체류를 위한 일종의 고된 신고식을 치른 셈이었다. 그 당시는 이런저런 이유로 그 집에서 빨리 벗어나고만 싶었는데 지금은 시간이 갈수록 가장 그립고 생각나는 곳이 되었다.

16구 숙소 근처 빅토르 위고 광장의 지하철역에서 표를 샀다. 퓌토는 파리 가까이에 위치하고 있지만 교통이 편리하지는 않다. 전철과 RER가 다니지 않아 라데팡스까지 가서 퓌토로 가는 기차로 갈아타야 하기 때문이다. 퓌토로 가는 표를 사려고 역에 있는 창구로 가니, 창구의 직원은 안내만 해 줄 뿐 표를 팔지는 않는다고 했다. 그러면서 표는 창구 앞에 있는 승차권 발매기에서 사라고 했다. 처음 접하는 기계라 사용법이 낯설어 기계 앞에서 한참을 망설이고 있었다. 우리를 지

퓌토 행 기차 앞에서

퓌토 역 안

켜보다 못해 답답했던지 창구 여직원이 나와 직접 승차권 발매기 이용법을 설명해 주면서 표를 끊어주었다. 파리에서 보기 드문 친절한 직원이었다. 지하철 2호선을 타고 개선문까지 가서 1호선으로 바꿔 타고 종점인 라데팡스에서 퓌토행 기차를 탔다.

1986년 9월 25일. 파리에 처음 도착하던 날, 아내와 퓌토를 간다면서 얼떨결에 행선지가 다른 기차를 타 도중에 되돌아왔던 기억이 떠올랐다. 엉뚱한 방향으로 내달리는 낯선 기차 속에서 행여나 길을 잃어버리진 않을까 얼마나 두려웠던지… 그때를 생각하면 아직도 등줄기에 식은땀이 흐른다.

퓌토에 정착하자마자 난 곧장 파리 3대학 어학연수 과정에 등록했다. 퓌토에서 기차를 타고 라데팡스까지 가서 RER를 타고, 개선문에서 다시 지하철로 바꿔 타며 어학연수를 받으러 다녔다. 퓌토행 기차를 타고 보니 집과 어학원으로 오가는 길에 프랑스어 불규칙 동사나 기본적인 회화 문구를 외웠던 기억이 새록새록 떠올랐다. 나는 프랑스에만 오면 프랑스어는 저절로 잘 터질 줄 알았다. 그런데 그건 너무 순진한 생각이었다. 한 달이 다 가도 나는 벙어리나 다름없는 생활을 했다. 수업이 끝나고 돌아오는 길, 밤에 퓌토 역에 내리면 저 멀리 아름다운 조명을 반짝이며 황홀한 야경을 뽐내는

퓌토 역에서 내려다보이는 파리 전경

퓌토 역 앞에서

에펠탑이 보였다. 그때 전 세계인의 로망이 살아 숨 쉬는 낭만의 에펠탑을 보면서 늘지 않는 내 프랑스어 실력에 나는 얼마나 많은 한숨을 지었는지 모른다. 그때가 엊그제 같은데 벌써 27년이란 세월이 흘렀고, 이제 난 불문과 교수가 되어 이곳을 다시 찾아왔다.

"와~ 퓌토다! 우리 몇 년 만에 다시 오는 거지?"

"글쎄, 1987년 루앙으로 이사 간 이후 다시 못 왔으니까, 26년 만인가?"

"퓌토는 많이 변했을까? 퓌토 역을 보니 마치 친정에 온 듯 마음이 편하게 느껴져. 그런데 한편으로는 퓌토가 얼마나, 어떻게 변했는지 궁금해서 마음이 설레고 가슴이 두근거려."

아내는 기차에서 내려 퓌토 역을 보자마자 반가운 나머지 흥분을 감추지 못하였다. 퓌토 역을 나와 왼쪽으로 난 언덕길을 따라 오르니

27년 전 그대로 변함없는 퓌토 집

그 옛날 우리가 살던 집이 나왔다. 주변이 그때와 조금 바뀌긴 했지만 집은 그 자리에 변함없이 그대로 있었다. 문 앞에서 기념사진을 찍었다. 집주인 할머니는 돌아가셨을 것 같긴 한데, 여기까지 온 이상 문이 열려 있으면 안으로 들어가 할머니의 안위를 물어보고 싶은 마음이 간절했다. 하지만 우리의 마음도 모른 채 대문은 굳게 잠겨 있었다. 집 근처를 돌면서 옛 추억을 떠올리며 에펠탑이 내려다보이는 곳에서 사진을 찍었다. 줌 렌즈에 에펠탑이 희미하게 잡혔다. 아내는 이런저런 포즈를 취했는데 마치 20대로 돌아간 것 같았다.

퓌토에서 에스프레소 한 잔의 여유

동네를 산책하니 마치 고향에 온 듯 포근한 느낌이 들었다. 맥도널드가 보였다. 그곳에 들어가 커피와 크루아상, 필레 오 피쉬(생선버거)로 요기를 했다. 유학시절에는 이런 곳에 마음 내키는

대로 들어가 뭘 사 먹는다는 것은 꿈도 꾸지 못할 일이었다. 먹고 싶어도 그저 참으며 그 앞을 지나가야 했다. 이젠 가난했던 그 시절을 추억하며 맥 정도는 먹고 싶으면 그냥 들어가 먹을 수 있는 정도의 여유는 생겼다. 퓌토에 와서 지나온 삶을 되돌아보니 '그래도 내 인생이 나름 괜찮아졌구나!' 하는 생각이 들었다. 성공한 자가 고향에 찾아온 느낌이랄까…

오래 머물 수는 없었다. 아쉬움을 뒤로 한 채 숙소로 돌아오면서 위고 광장의 슈퍼에서 장을 봤다. 하지만 좁은 집에서 무엇을 해먹기가 여의치 않아 트로카데로 광장으로 나가 역 출구 바로 앞, 에펠탑이 마주 보이는 클레베 카페에서 샐러드와 감자튀김을 곁들인 스테이크 세트메뉴를 시켜 저녁을 먹었다. 음료는 생맥주. 2인분 식사에 총 48유로가 들었다. 한 끼 식사로 아주 싼 가격은 아니지만, 오늘만큼은 유학 시절 못해봤던 것들을 한풀이하며 분위기를 잡고 싶었다. 젊은 날, 에펠탑을 마주하며 비싼 식당에 앉아 식사를 하는 사람들을 바라보면서 우리에게도 그런 날이 오기를 얼마나 소망했던가.

저녁을 먹고 난 후 이에나 다리를 건너 케 브랑리 박물관까지 산책을 갔다. 에펠탑에 조명이 켜지기 시작하면서 주변에 아름다운 야경이 펼쳐졌다. 오색찬란한 불빛으로 치장한 유람선들이 그 자태를 뽐내며 센 강 위를 떠다니면서 관광객을 유혹하는 손짓을 했다. 아름다운 밤이 센 강을 따라 유유히 흘러갔다.

에펠탑의 야경과 유람선

에펠탑이 마주보이는
클레베 카페에서 저녁 식사

오베르 쉬르 우아즈와 케 브랑리 박물관

콘플레이크와 요플레, 커피, 바나나로 아침을 먹었다. 오늘의 일정은 오베르 쉬르 우아즈. 고흐가 생의 마지막 열정을 불태우다 자살한 곳이다. 오베르행 기차가 떠나는 생 나자르 기차역으로 나갔다. 유학 시절 루앙에서 파리를 오갈 때 자주 이용했던 익숙한 역이다. 그런데 예전과 다르게 역이 새롭게 리모델링되어 있어 조금은 낯설게 느껴졌다. 플랫폼 앞으로 새로운 공간이 생기고 휴게소와 상가들도 들어서 있었다. 역 2층에 쭉 늘어선 상가들은 마치 우리나라 쇼핑몰 아웃렛을 연상케 하였다.

생 라자르 역 앞, 아르망 페르낭데즈의 〈모두를 위한 시간〉

오베르행 표를 끊는 일은 생각만큼 쉽지 않았다. 장거리 노선(Grandes lignes) 매표소로 가야 하는지, 파리 교외선(banlieu) 매표소로 가서 표를 사야 하는지도 애매했다. 안내소에 물어보니 직원이 친절히 표 사는 곳을 알려주었다. 하지만 우린 쉽게 매표소를 찾지 못했다. 대신 자동 승차권 발매기들이 있는 곳을 발견했다. 어제 퓌토에 갈 때의 기억을 되살려 표를 사보기로 했다. 척척 잘 진행되었다. 목적지를 선택하고, 왕복을 선택하고, 매수는 4장을 눌렀다. 아뿔싸, 그런데 표가 8장이 나왔다. 단순히 표 4장을 생각했는데 왕복이다 보니 8장이 나온 것이다. 편도로 4장을 선택하든지 아니면 왕복 2매를 선택해야 했다. 창구에 가서 표를 환불해 달라고 했더니, 승차권 발매기에서 산 표는 환불이 안 된다고 했다. 어찌 이럴 수가 있나? 관광의 대국 프랑스에서 이런 미개한 서비스를 한다는 게 믿기지 않았다. 표를 잘못 사도 환불하거나 교환할 방법이 없다니 있을 수 없는 일이었다. 수많은 관광객들이 우리와 같은 실수를 할 텐데… 결국 비싼 대가를 치르고 표 끊는 법을 배운 셈이 됐다. 기분이 썩 좋지 않았다.

파리에서 오베르행 직행 기차는 없다. 퐁투아즈(Pontoise)까지 가서 크레이(Creil)행 기차로 바꿔 타야 한다. 시간이 임박해 표를 개찰할 시간도 없이 기차에 올랐다. 표를 갖고 있으면서 무임승차한 꼴이 됐다. 파리에서 퐁투아즈까지는 40분 정도, 퐁투아즈에서 오베르까지는 15분 정도 걸렸다.

오베르는 마을 이름처럼 우아즈 강 위에 위치한 7,000여 명의 주민이 사는 아주 작은 마을이다. 그런데 이 마을이 세계인들의 주목을 받으면서 이들을 유인하는 이유는 고흐 때문이라고 해도 과언은 아니다. 물론 도비니와 세잔도 한때 이곳에 거주하긴 했지만.

고흐는 1890년 5월 20일 남프랑스의 생활을 접고 오베르에 도착했다. 1890년 5월 21일 동생 테오에게 보낸 편지에서 고흐는 "오베르는 아름다워… 정말로. 그림 같은 전형적인 전원이 펼쳐진 진정 아름다운 곳이야."라고 오베르에 대한 첫인상을 적어 보냈다. 고흐는 카페 겸 하숙집인 라부 여인숙(Auverge Ravoux)에 묵게 되는데 하루 방값은 3.5 프랑. 샐러드와 빵, 고기, 야채가 제공되는 조건이었다고 한다. 1890년 7월 27일 자신의 가슴에 총을 쏘고 자살하기까지 2개월여 동안 그는 〈오베르의 교회〉, 〈오베르의 거리와 계단〉, 〈까마귀가 나는 밀밭〉, 〈오베르 시청〉, 〈가셰 박사의 초상〉 등 수많은 걸작을 그렸다.

오베르는 고흐가 그의 생의 마지막 예술적 열정을 불살랐던 곳이면서, 그의 그림의 소재가 된 곳이다. 또한 동생 테오와 함께 묻혀 있는 묘지도 있는 곳이다. 고흐를 사랑하는 수많은 순례객들이 오베르를 찾는 이유다. 나 또한 고흐가 살았던 방을 직접 보고 싶었고, 교회와 밀밭 등 고흐 그림의 소재가 된 장소들을 둘러보고 고흐의 묘지를 찾아 참배하고 싶었다.

점심때쯤 오베르에 도착한 우리는 우선 반 고흐가 체류했던 라부 여인숙을 찾아 나섰다. 역에서 나와 마을의 중심 거리인 드골 장군 길을 따라가니 한 공원이 나왔다. 공원 안에는 화구를 등에 짊어진 고흐 동상이 있는데, 오십 자킨(1890-1967)이 조각한 것이었다. 전에는 도비니의 정원이라 불렸는데 지금은 고흐 공원이라 한다. 중국 상해에 있는 홍구 공원을 지금은 루쉰 공원이라 부르는 것처럼 세월 따라 공원 이름도 변할 수 있는가 보다.

오십 자킨의 고흐상

조금 더 걸어가니 '반 고흐의 집'(Maison de Van Gogh)이라 불리는 라부 여인숙이 나왔다. 8유로를 주고 입장권을 끊어 고흐가 투숙했던 방이 있는 3층으로 올라갔다. 3층에는 반 고흐의 방과 바로 이웃하여 네덜란드 출신 화가 안톤 히르쉬히가 투숙했던 방과 시청각실이 있었다.

고흐가 투숙했던 라부 여인숙

고흐의 방으로 올라가는 계단

라부 여인숙 내부

고흐의 방은 아주 작았다. '이런 곳에서 생활하면서 그림을 그릴 수 있었을까?'하는 의구심이 들 정도였다. 좁디좁은 방에서 일상생활도 하기 힘들어 보였다. 명색이 고흐가 살았던 방인데 고흐를 느낄 만한 흔적은 아무것도 없었다. 복제본 그림이라도 하나 걸려 있을 법도 한데… 조그마한 방에 의자 하나만 덩그렇게 외로이 놓여 있을 뿐이었다. 네 면이 벽이고 천장에 창 하나가 나있었다. 세상과 소통하는 유일한 통로로 보였다. 밤이면 그 창을 통해 반짝이는 별들을 보았으리라. 비라도 내리면 천장을 두드리는 빗소리를 들으며 잠 못 이루는 밤을 보냈으리라. 자신의 예술 세계를 이해하지 못하는 세상에 원망도 하였으리라. 텅 빈 허허로운 공간에 있자니 별의별 생각이 다 들었다. 시청각실에서 고흐 관련 영상을 보았다. 고흐가 죽기 몇 달 전 동생 테오에게 보낸 편지의 한 구절에 마음이 아렸다.

"언젠가 카페에서 내 작품전을 열 방법을 찾을 수 있으리라 믿어."

이와 같은 고흐의 간절한 소망은 100년 뒤 이루어지게 된다. 고흐의 서간집을 읽고 깊은 감동을 받은 벨기에인 사업가 장생은 1987년 라부 여인숙을 인수하고, 1992년부터 2년 정도에 걸쳐 옛 모습을 되살리는 복원 작업을 진행하여 현재의 '반 고흐의 집'을 개관했다. 새로이 문을 열면서 고흐의 소망을 실현시켜주기 위해 장생은 고흐의 작품들을 모아 고흐 기념전을 열었다. 반 고흐 연구소는 라부 여인숙과 함께 고흐가 오베르에서 그렸던 작품 가운데 한 점을 고흐의 방으로 되찾아 오는 사업을 추진하고 있다고 한다. 그렇게 되면 7평방미터의 어두운 다락방은 세계에서 가장 작은, 하지만 가장 아름다운 미술관이 될 것이다. 그런 날이 빨리 올 수 있기를 간절히 소망해 본다.

점심을 먹으러 고흐가 살던 당시의 모습으로 복원된 1층 레스토랑에 들어갔다. 고흐를 추억하며 한 끼 식사를 하고 싶었다. 그런데 종업원이 2시까지만 영업을 한다고 했다. 시계를 보니 2시가 조금 넘어 있었다. 조금만 더 일찍 올걸… 아쉬웠지만 어쩔 수 없었다. 동네 슈퍼를 찾아 샐러드와 바게트, 크루아상 등을 사서 고흐의 집에 가기 전 잠깐 들렀던 고흐 공원에 다시 가서 늦은 점심을 먹었다.

고흐의 흔적을 쫓아 마을을 산책했다. 먼저 오베르 교회로 갔다. 고흐의 작품 배경이 된 〈오베르의 거리와 계단〉의 실제 풍경을 보고 언덕길을 조금 오르니 로마네스크와 고딕 양식이 조화를 이룬 교회가 나타났다. 12, 13세기에 지어진 이 교회는 1915년 역사기념물로 지정되었다. 고흐는 교회의 정문이 아닌 뒷모습을 그렸다. 특별한 이유라도 있었을까? 작품의 배경이 된 장소에는 그 그림의 복제본과 해설이 적힌 패널이 놓여 있어 쉽게 그림 속의 장소를 알아볼 수 있는데, 〈오베르의 교회〉를 보면 두 갈래의 길이 나오고, 한 여인이 왼쪽 길로 가는 모습이 보인다. 여인이 가는 길은 마을로 내려가는 길이다. 오른쪽 길은 밀밭을 지나 묘지로 가는 길이다. 교회에서 언덕길을 올라가면 고흐와 그의 동생 테오가 잠들어 있는 공동묘지가 있다. 마을로 향한 길과 묘지로 가는 길이 교회 뒷면에서 갈라지고 있다. 한 길은 삶의 길이요, 다른 한 길은 죽음의 길이다. 인간의 영혼을 구원하는 교회와 삶과 죽음을 가르는 두 갈래의 길은 고흐의 호기심을 자극했을 것이라는 것을 어느 책에서 본 기억이 났다.

고흐, 〈오베르 교회〉(1890), 위키피디아

오베르 교회를 배경으로

고흐, 〈까마귀가 나는 밀밭〉(1890), 위키피디아

〈까마귀가 나는 밀밭〉의 배경지, 밀밭과 파란 하늘

언덕길을 따라 오르니 넓은 밀밭이 눈에 들어왔다. 파란 하늘 배경에 노란 밀밭과 나무들, 〈까마귀가 나는 밀밭〉 배경 그대로였다. 까마귀 떼는 보이지 않고 새 두 마리가 허공을 가로질러 갔다. 그림 속의 세 갈래 길은 찾지 못하고 그냥 밀밭과 하늘을 배경으로 사진을 찍었다.

고흐의 무덤은 마을 공동묘지 맨 뒤쪽 담장 아래에 있었다. 가장 위대한 한 화가의 묘라고 하기에는 너무 초라해 보였다. 그가 좋아했던 노란색 해바라기 몇 송이가 묘지를 내려다보며 그를 지키고 있는 것 같았다. 마지막까지 고흐 곁을 지켰던 가셰 박사는 무덤 속으로 해바라기 꽃다발을 던지며 "노란 꽃을 좋아했던 자네에게 이 꽃을 보내네. 하지만 이 꽃은 자네가 그린 것만큼 아름답지 않군."하고 말했다고 전해진다.

고흐의 묘 바로 옆에는 평생 경제적 원조를 아끼지 않았던 동생 테오의 묘가 있었다. 테오는 형 고흐가 죽고 6개월 후 그의 뒤를 따라가 젊은 나이에 세상과 등졌다. 테오는 네덜란드에 묻혔으나 그의 아내, 조가 1914년 오베르로 이장하여 형과 나란히 묻히게 됐다. 죽어서도 두 형제의 우애는 변함없어 보였다.

"오베르에 와서 마주한 풍경들 말이야, 첫눈에는 아름다운데 왠지 모를 씁쓸함이 자꾸 묻어 나오는 것 같아. 아를에서 고갱과의 불화로 절망에 빠진 고흐가 자신의 귀를 자르고 힘들어했는데 그런 형을 치료하기 위해 동생 테오가 이곳, 오베르에 고흐를 불렀다지?"

반 고흐와 그의 동생 테오의 묘

"그랬지, 오베르는 고흐가 그의 마지막 예술적 열정을 불사른 곳이야. 고흐는 오베르를 보자마자 오베르를 얼마나 좋아했는지, 오베르에 도착하고 나서 오베르에 대한 첫인상을 동생 테오에게 보낸 편지를 보면 알 수 있어. 그가 죽기 전, 불과 2개월 정도밖에 안 되는 시간 동안 이곳에서 수많은 걸작을 남겼다는 것만 봐도 고흐는 오베르의 전원을 무척 좋아했던 것 같아."

"참 안타깝다. 고흐는 오늘날 당대 최고의 화가로 손꼽히고, 현대미술의 개척자로 인정받고 있는데 살아생전에는 본인의 작품을 제대로 인정받지 못한 삶을 살다가 외롭게 생을 마감했으니 말이야. 그토록 본인의 작품전을 열고 싶어 하던 소망도 못 이루고. 생전에 작품 딱 하나가 팔렸다지? 그도 친구 여동생에게."

"고흐의 삶도 참 파란만장하고 고단했지. 그래도 고흐 곁엔 항상 그를 믿고 지지하는, 심지어 미술 활동에 경제적 후원까지 아끼지 않은 동생 테오가 있었으니 그리 불행하지만은 않았을 거야."

"오베르에 고흐 삶의 희로애락이 모두 담겨 있기 때문일까? 오베르의 자연을 보면서 아름답지만 왠지 모를 가슴이 저미는 느낌은. 아마도 비운의 화가인 고흐의 삶이 그의 그림의 소재를 제공한 오베르 전원에 자꾸 오버랩되기 때문이겠지?"

"〈까마귀가 나는 밀밭〉이 고흐가 죽기 전 마지막으로 남긴 절명작인데, 오늘 이곳에 와서 그 배경이 된 노란 밀밭을 막상 보니, 고흐 삶의 마지막이 느껴지는 것 같아 나도 마음이 좀 숙연해지는 것 같구먼."

고흐의 묘를 참배하고 돌아오는 길. 아내는 오베르에서 느껴지는 고흐의 삶에 대해 애잔함을 살포시 내비쳤다.

〈오베르 시청〉의 패널 속의 그림과 실제 모습

다시 마을로 내려와 〈오베르 시청〉과 〈도비니의 정원〉의 실제 모습을 패널 속의 그림과 비교해 보았다. 예나 지금이나 변한 것이 없어 보였다. 고흐를 치료해 주고 그의 초상 모델이 되었던 가셰 박사의 집에는 가보지 못하고 오베르를 떠났다. 다음에 올 기회가 있으면 꼭 가보리라 마음먹으며.

고흐에 관련된 벽화 - 오베르 역 근처

파리로 돌아왔다. 몸이 조금 피곤했다. 그래도 나와 아내는 케 브랑리 박물관을 관람하기로 했다. 볼 것은 많고 시간은 넉넉하지 않으니 여유 있을 때 하나라도 더 보아야 했다. 천천히 걸어서 알마 다리를 건너는데, 다리 중간쯤에 영국의 왕세자비였던 다이애나 비를 추모하는 횃불 상이 보였다. 이 다리에서 비운의 다이애나 비가 교통사고로 죽었다고 한다. 우리도 횃불 상 앞에서 잠시 고인의 명복을 빌었다.

영국의 왕세자비, 다이애나 비를 추모하는 횃불 상

케 브랑리 박물관의 전경

센 강의 브랑리 강변에 자리 잡고 있는 케 브랑리 박물관은 2006년에 개관하였다. 그 외관이 독특한데, 아랍 세계 연구소 등을 설계한 장 누벨의 작품이다. 나무를 심어 만든 초록빛 벽, 돌출된 빨강, 노랑의 정육면체 벽면 등이 특히 인상적이었다.

박물관에 입장하기 전 야외에 있는 박물관 카페에서 건축의 외관을 감상하며 에스프레소 한 잔을 마셨다. 오베르에 갔다가 쉬지 않고 이곳으로 곧바로 온 탓에 좀 피곤하였는데 커피 한 잔을 마시니 피로가 가시면서 원기가 회복되는 것 같았다.

케 브랑리 박물관의 독특한 벽면

박물관에는 오세아니아, 아프리카, 아시아, 미국의 예술품들이 전시되어 있었는데, 나는 오세아니아 관에 있는 조각들이 특히 마음에 들었다. 늦게 입장하여 여유 있게 관람하지 못한 게 못내 아쉬웠다.

오세아니아 관에 있는 조각품들

숙소로 돌아오다 집 근처의 일본 식당에서 저녁을 먹었다. 세트 메뉴 28유로. 음식은 정갈했고 맛도 괜찮았다.

오랑주리 미술관과 미라보 다리

아침을 간단히 먹고 숙소를 나와 오랑주리 미술관을 향해 센 강을 따라 걸었다. 알마 다리와 알렉산드로 3세 다리를 지나니 콩코르드 광장이 나왔다. 광장은 이틀 뒤에 있을 대혁명 기념일 행사 준비로 분주했다. 행사 때문인지 광장의 사방이 가림막으로 차단되어 있었다. 미술관은 콩고르드 광장과 마주하고 있는 튈르리 공원 안에 있는데… 행사 가람막으로 인해 방향 감각을 잃은 아내와 나는 오로지 옛 기억만을 가지고 길을 헤매다가 미술관을 찾는 데 한참이나 걸렸다.

'오렌지 온실'이라는 뜻으로 루브르 궁전의 오렌지 나무를 보호하는 겨울 온실로 사용되었다고 전해지는 오랑주리는 1927년 미술관으로 문을 열었다. 현재의 오랑주리 미술관으로 사용되고 있는 건물은 1853년에 지어진 것인데, 나폴레옹 3세는 1852년에 건축가 피르맹 부르주아(1786-1853)에게 의뢰하여 파리 코뮌 때 궁전이 불타버리고 없는 튈르리 정원 안에 별채를 설계하도록 했고, 그의 후계자였던 이탈리아

오랑주리 미술관 앞에서

건축가 루도비코 비스콘티(1791-1853)가 두 채의 건물을 완성하였다. 이때 완공된 두 채의 별관이 현재의 오랑주리 미술관과 죄드폼 국립 미술관이다.

튈르리 정원의 남서쪽 모퉁이에 위치한 오랑주리는 남쪽 면은 온실 내부에 햇볕이 잘 들게 하기 위하여 유리로 제작되었고, 북쪽 벽은 돌로 제작되었다. 1921년 뤽상부르 미술관과 함께 당대 미술품들을 취급하는 모던 갤러리로 지정되었고, 1927년에는 독립적인 미술관으로 문을 열었다. 1965년 증축 때는 1층 전시실 위에 상층을 추가하였으나, 1999년부터 2006년까지 진행된 리노베이션 공사 때는 다시 2층이 제거되고 지하층을 새롭게 구성함으로써 지하와 지상층으로 구성된 현재의 모습을 띄게 되었다. 1층에는 모네의 수련 연작이 전시되어 있고, 지하층에는 장 발터와 폴 기욤 컬렉션이 전시되어 있다.

1922년 모네는 수련 연작 중 대작 8점을 국가에 기증하였고, 정부는 오랑주리에 이 작품들을 전시하기 위해 건축가 카미유 르페브르(1853-1933)에게 설계를 맡겼다. 모네는 자신의 수련 연작을 자연광이 들어오는 방의 흰 벽에 걸어 전시해 주기를 원했다. 하지만 모네는 자신의 작품들을 위해 특별히 설계된 전시실의 개관을 보지 못하고 1926년 12월에 세상을 떠나게 된다.

한편 1950년대 후반에는 유명 미술상 겸 후원자인 폴 기욤(1891-1934)의 컬렉션이 오랑주리 미술관으로 유입되기 시작했다. 한때 자동차 정비공으로 일했던 기욤은 아프리카에서 자동차 정비에 사용될 고무 부품을 수입하면서 아프리카 미술에 관심을 갖기 시작했고, 곧이어 미술품을 수입하여 거래하면서 상당한 부를 축적하게 되었다. 그는 아프리카 미술품을 전시하면서 아폴리네르와 알게 되었고, 아폴리네르는 피카소를 비롯한 많은 화가들을 그에게 소개해 주었다. 타고난 심미안을 지닌 기욤은 당대의 인상파, 신인상파 화가들의 그림을 수집하였고, 모딜리아니와 수틴 등 어려운 환경의 화가들을 후원하기도 하였다. 1934년 기욤이 42세의 젊은 나이에 죽자, 그의 소장품들은 미망인인

도미니카에게 상속되었다. 그녀는 건축가인 장 발터와 재혼하여 그와 함께 기욤의 컬렉션을 확대해 나갔다. 하지만 그마저 의문의 자동차 사고로 죽게 되자, 도미니카는 살인교사 혐의로 경찰서에서 조사를 받기도 하였다. 무죄 방면된 그녀는 프랑스 정부와 협의 끝에 1959년과 1963년, 두 번에 걸쳐 150여 점에 이르는 기욤과 발터 컬렉션을 정부에 위임하였고, 이 작품들은 1965년부터 오랑주리에서 전시되고 있다.

먼저 모네의 수련 연작이 전시되어 있는 1층 전시실로 갔다. 두 개의 커다란 타원형으로 된 전시실에 모네의 수련 대작 8점이 4점씩 나뉘어 전시되어 있었다. 제1전시실에는 〈두 그루의 버드나무〉, 〈맑은 아침의 버드나무〉, 〈아침의 버드나무〉, 〈나무의 반영〉 작품이 전시되어 있고, 바로 옆의 제2전시실에는 〈녹색 반영〉, 〈아침〉, 〈구름〉, 〈일몰〉 작품이 전시되어 있었다. 자연광이 들어오는 하얀 벽에 높이 2미터, 길이 6미터가 넘는 빛과 시간의 흐름에 따라 다양하게 묘사된 수련 대작들은 환상적이고 몽환적인 분위기를 연출하면서 보는 이로 하여금 절로 탄성을 자아내게 했다. 시간 가는 줄도 모르고 한참 동안 넋을 잃고 보다가 다리가 아파 잠시 쉬었다. 하지만 '언제 또 이 작품들을 다시 볼 수 있을까?' 하는 아쉬운 마음에 발걸음을 되돌려 다시 한 번 찬찬히 작품을 더 음미하고 아래층으로 내려갔다.

지하층에는 기욤과 발터 컬렉션이 전시되어 있었는데, 르누아르의 〈목욕하는 여인〉, 〈피아노 치는 소녀〉와 루소의 〈결혼식〉, 마티스의 〈붉은 바지의 여인〉 등이 인상적이었다.

지하층에는 또 마리 로랑생의 작품들도 전시되어 있었다. 로랑생은 아폴리네르의 연인으로 더 유명하기도 한데, 그녀는 인상파가 유행하고 입체파가 태동하던 20세기 초반 유행 화풍을 따르지 않고 자신만의 감각적인 화풍과 감수성을 보여준 소신 있는 화가다. 마르모탕 미술관 특별전에서 보지 못한 샤넬을 모델로 그린 〈코코 샤넬〉을 비롯하여 〈폴 기욤 부인〉, 〈개를 들고 있는 여인들〉 등 로랑생의 대표적인 작품들을 이곳에서 더 볼 수 있어 좋았다.

마리 로랑생, 〈코코 샤넬〉(1923)

오랑주리에는 〈마키아이올리 1850-1874〉 특별전이 열리고 있었다. 1850년 경 이탈리아 피렌체를 중심으로 토스카나 지방 출신으로 구성된 일군의 예술가들이 당시 지배적인 신고전주의와 낭만주의 전통과 단절하고 새로운 회화 표현 형태를 추구하는데, 이들은 프랑스의 바르비종파와 마네, 드가, 모로 등의 영향을 받는다. 이들은 역사화나 공식적인 초상화와 같은 이탈리아 회화의 전통과 단절하면서 이탈리아 근대 회화의 문을 열고 자신들의 회화 기법과 방식을 '색채'를 의미하는 마키아(macchia)라 하였다. 마키아이올리(Macchiailoli)라는 용어는 처음에 한 비평가에 의해 비난의 형태로 사용되었는데, 1862년 마키아 그룹에서 이 용어를 채택하여 사용하였다고 한다. 아틀리에를 나와 야외에서 미학적 탐구를 하고, 새로운 회화 언어를 실험하였던 이들은 일종의 이탈리아 인상주의자들이라고 할 수 있다.

커다란 나무 그늘 아래에서 호수에 낚싯줄을 드리고 있는 신랑과 그의 곁에 다소곳이 앉아 있는 신부를 그린 텔레마코 시뇨리니의 〈신혼여행〉과 한 여인이 피아노를 치고 두 여인이 그 뒤에서 노래를 부르고 있는 듯한 실베스트로 레가의 〈스토로넬로의 노래〉 등이 마음에 와 닿았다.

숙소로 돌아오면서 집 근처 제과점에서 참치 샌드위치로 점심을 때우고 집에서 휴식을 취하며 다음 일정을 위해 충전의 시간을 가졌다.

저녁 7시 트로카데로 지하철역 입구에 있는 말라코프 레스토랑에서 제자, 송미선을 만났다. 미선이는 파리 7대학에서 전산언어학을 공부하고 있는데, 지금은 방학을 이용하여 모 기업에서 연수를 받고 있다고 했다. 졸업하기 위해서는 연수가 필수적이라고 한다. 샐러드와 감자튀김을 곁들인 프랑스 정통 스테이크를 사주었다. 같이 맥주도 한잔했다. 국내에서도 별도로 시간 내서 만나기 힘들었을 텐데, 만리타국 프랑스 파리 에펠탑 주변에서 제자를 우연히 만나 식사까지 같이 하다니 참으로 감회가 새로웠다. 저녁을 마치고 우리는 에펠탑을 배경으로 기념사진을 찍었다. 그리고 함께 산책길에 나섰다. 센 강변을 따라 비르-하켐 다리를 지나 미라보 다리까지 걸었다.

트레카도로 말라코프 레스토랑에서 제자, 미선이와 함께

에펠탑 앞에서 제자, 미선이와 함께

미라보 다리는 엔지니어 폴 라벨이 설계하였다. 공사는 1893년에 시작되어 1896년에 완성되었다. 다리 높이는 15미터이고, 길이는 173미터이다. 폭은 20미터인데 차도가 12미터이고, 양 옆 인도가 각각 4미터씩이다. 두 개의 교각은 배를 나타내고 있는데, 우안 가까이 있는 배는 센 강을 내려가고 있고, 좌안 근처의 배는 센 강을 올라가고 있다. 배는 장-앙투안 엥잘베르(1845-1933)가 조각한 4개의 조각상으로 장식되어 있다. 4개의 조각상은 각각 파리(우안 뱃머리), 항해(선미), 풍요(좌안 뱃머리), 무역(선미)을 상징한다. 파리와 풍요를 상징하는 뱃머리의 두 동상은 센 강을 마주하고 있고, 항해와 무역을 상징하는 선미의 두 동상은 다리를 보고 있다. 미라보 다리는 1975년 4월 29일 역사기념물로 지정되었다.

미라보 다리, 우안 뱃머리와 선미의 조각상

파리 15구와 16구를 연결해 주는 가교 역할을 하고 있는 미라보 다리는 외관상 평범해 보인다. 그 명성만 듣고 온 사람이라면 실망을 금치 못할지도 모른다. 그저 평범해 보이는 다리를 파리를 상징하는 낭만의 대명사로 만들고, 수많은 관광객들을 유인하는 것은 무엇일까? 바로 기욤 아폴리네르(1880-1918)의 〈미라보 다리〉라는 시 한편 때문이다. 문학의 힘이다.

미라보 다리

아폴리네르의 시, 〈미라보 다리〉

미라보 다리[3]

미라보 다리 아래 센 강이 흐른다
우리 사랑을 나는 다시
되새겨야만 하는가
기쁨은 언제나 슬픔 뒤에 왔었지

밤이 와도 종이 울려도
세월은 가고 나는 남는다

손에 손잡고 얼굴 오래 바라보자
우리들의 팔로 엮은
다리 밑으로
끝없는 시선에 지친 물결이야 흐르건 말건

밤이 와도 종이 울려도
세월은 가고 나는 남는다

사랑은 가 버린다 흐르는 이 물처럼
사랑은 가 버린다
이처럼 삶은 느린 것이며
이처럼 희망은 난폭한 것인가

밤이 와도 종이 울려도
세월은 가고 나는 남는다

나날이 지나가고 주일이 지나가고
지나간 시간도
사랑도 돌아오지 않는다
미라보 다리 아래 센 강이 흐른다

밤이 와도 종이 울려도
세월은 가고 나는 남는다

---

3 기욤 아폴리네르 시집 『알코올』, 황현산 옮김, 열린책들, 2010.

시인은 미라보 다리 아래로 흐르는 센 강물을 바라보며 시간의 덧없음과 사랑의 종말을 노래하고 있다. 흐르는 강물처럼 세월이 흐르고 사랑도 흘러가버렸다. 지나간 시간과 사랑은 돌이킬 수 없다. 지나간 시간과 사랑의 불가역성을 한탄한다. 애절함도 간절함도 없지만, 이 시는 매혹적인 울림을 준다. 이 시는 여섯 해 동안 연인 관계를 유지해 왔던 화가, 마리 로랑생과 이루지 못한 불행한 사랑에 바탕을 두고 쓰였다. 두 사람이 헤어지게 된 사연도 기구하다. 1911년 5월 11일 아폴리네르의 임시 비서인 벨기에 청년 제리 피에레는 장난삼아 루브르 박물관에서 페니키아 흉상 하나를 훔쳐 아폴리네르의 아파트에 숨겨 두었다. 그해 8월 21일 〈모나리자〉가 루브르 박물관에서 도난당하는 사건이 터지자 벨기에 청년은 〈주르날 드 파리〉에 자신의 절도 행위를 고백하여 물의를 일으켰다. 이에 당황한 아폴리네르는 보관하고 있던 피에레의 장물을 이 신문의 중재로 박물관에 되돌려준다. 하지만 그는 이 사건으로 〈모나리자〉 절도 혐의를 받고, 9월 7일 장물 취득죄와 〈모나리자〉 절도 혐의로 상테 감옥에 구속된다. 아폴리네르는 이때의 고통스럽고, 절망스럽고, 수치스러운 경험을 〈상테 감옥에서〉라는 한 편의 시로 남기기도 했다.

상테 감옥에서[4]

감방으로 들어가기 전에
나는 알몸이 되어야 했으니
어느 불길한 밤새 소리 울부짖는다
기욤 너 이게 무슨 꼴이냐고
[…]
아니야 이제 나는 내 자신이
아닌 것만 같아
나는 그냥 십일 동의

---

4 기욤 아폴리네르 시집 『알코올』, 황현산 옮김, 열린책들, 2010.

십오 번
[…]
나는 어찌 되나요 오 내 고통을 아시는 신이시여
그 고통을 주신 그대여
불쌍히 여기소서
[…]

제리 피에레의 편지와 문단의 탄원에 의해 일주일 만에 기소유예로 석방되긴 했지만, 이 사건은 사랑하는 연인 마리 로랑생과 결별하는 결정적 동기가 되었다고 한다.

미라보 다리 위에 섰다. 비르-하켐 다리 너머로 횃불을 들고 있는 자유여신상과 에펠탑이 보였다. 다리 아래를 내려다보았다. 센 강물이 유유히 흘러가고 있었다. 잠시 상념에 젖었다. 파리에 처음 도착한 게 1986년 9월 25일. 지금이 2013년 7월 12일. 27년이란 세월이 흘렀다. 10년이면 강산이 변한다 했는데 강산이 3번이나 뒤바뀌는 세월이 지났다. 예나 지금이나 센 강은 한결같은 모습으로 흐르고 있는데 그 강을 바라보고 있는 나는 많이 변했다. 아~~ 무정한 세월이여. 이십대였던 청년이 이제 오십대 중년이 되어 있다. 강물은 바다로 흘러들어가 있는데 내 청춘은 어디로 흘러가 있을까? 미숙했던 청년은 흐르는 시간과 함께 완숙한 중년으로 성장했다고 애써 자위하며 미라보 다리를 건넜다. 미선이를 자벨 역까지 데려다주고 센 강을 거슬러 숙소로 돌아왔다.

횃불을 들고 있는 자유의 여신상

비르-하켐 다리 너머로 보이는 횃불을 들고 있는 자유의 여신상과 에펠탑

파리 근대미술관과 미테랑 도서관

아침을 먹고 산책 삼아 숙소 근처에 있는 파리 시립 근대미술관을 찾았다. 미술관은 1937년 만국박람회 당시 세워졌던 팔레 드 도쿄의 동쪽 건물을 차지하고 있다. 미술관 입구 주변 도로에는 장이 서있었다. 토요일 아침, 부지런한 파리지앵들이 장을 보고 있었다. 우리도 그들과 어우러져 잠시 장을 구경한 후 미술관 입구로 들어갔다. 기획전은 유료, 상설전은 무료. 오늘은 시간상 무료인 상설전만 보기로 했다. 미술관에 발을 들이자마자 라울 뒤피(1877-1953)의 대작인 〈전기 요정〉이 우리의 시선을 사로잡았다. 높이 10미터, 폭 60미터에 달하는 거대한 벽화는 전기라는 신에너지에 대한 찬가를 가볍고 부드러운 색채로 표현하고 있다.

미술관에는 백남준의 미디어 아트를 비롯하여 피카소, 드랭, 모딜리아니, 마티스 등 많은 유명 작가들의 작품이 전시되어 있었다. 1920년대 중국인과 일본인 작가의 작품도 있었다. 피에르 무아나르 & 다미

라울 뒤피, 〈전기 요정〉(1937)

앙 카반의 작품과 에펠탑을 모티브로 사랑스럽게 예쁜 색채로 표현한 연작으로 유명한 소니아 & 로베르 들로네의 〈리듬〉이 인상적이었다. 그 많은 명화들을 무료로 관람할 수 있다는 사실에 그저 행복했고, 그러한 그림들을 수시로 관람할 수 있는 파리지앵들이 부러웠다. 문화강국이 그냥 이루어지는 것은 아니라는 생각이 들었다.

들로네, 〈에펠탑〉(1928)

소니아 & 로베르 들로네의 〈리듬〉 연작

미술관을 나와 미테랑 도서관을 찾았다. 미테랑 도서관은 파리 동쪽 센 강을 따라 펼쳐진, 약 2만 평의 부지에 자리를 잡고 있는데 그 외관이 좀 독특하다. 건축가 도미니크 페로가 설계하였는데 책을 펴서 세워둔 듯한 형상의 건물 4동이 동서남북으로 펼쳐져 있다. 건물의 외관은 유리로 이루어져 있고, 높이는 무려 80미터에 이른다고 한다. 건물 안쪽에는 나무와 식물들로 가득 찬 정원이 있다. 이 도서관은 프랑수아 미테랑(1981-1995 재임) 대통령의 '그랑 프로제' 중 루브르 박물관의 피라미드 구조물과 함께 가장 상징적인 건축물이다. 이 대 계획에는 라 데팡스의 대형 아치, 바스티유의 오페라 극장, 노르망디 대교 등도 있다.

미테랑 도서관 내부

책을 펴서 세워둔 듯한 형상의 미테랑 국립 도서관 외관

도서관은 주중에는 이용기간에 따라 입장료를 내지만 토요일은 무료입장이다. 나는 16세기 사전 등 고문서를 이용할 수 있는 방법을 도서관 관계자에게 물어보았다. 다행스럽게도 이용법은 크게 복잡하지 않았다. 오늘은 도서관 전체적인 분위기를 파악할 겸 도서관을 한 바퀴 빙 둘러보았다. 책을 보면서 노트에 뭔가 열심히 적고 있는, 학생으로 보이는 이용객들이 눈에 띄었다. 나 또한 '저런 시절이 있었는데'

하는 생각이 들면서 옛 시절이 새삼 파노라마처럼 머리를 스치고 지나갔다. 파리에 살 땐 퐁피두 도서관에서, 루앙에 거주할 때는 루앙 대학 도서관에서 거의 살다시피 했다. 그 시절, 도서관에서 공부하는 시간은 참으로 행복했다. 책을 보다 한 잔 마시는 에스프레소의 맛은 또 얼마나 달콤했는지… 잊을 수 없는 기억들이다.

프랑스에서는 교수들도 도서관을 자주 이용한다. 개인 연구실이 없기 때문이기도 하지만 도서관의 시설이 잘 갖추어져 있기 때문일 것이다. 한국에서는 교수들이 도서관보다는 연구실에서 주로 시간을 보낸다. 보편적으로 도서관의 시설이 열악한데다 책들이 가득한 개인 연구실에서 자신의 책으로 연구하는 것이 더 편리하기 때문이다. 하지만 때로는 '교수들이 개인의 연구를 위하여 자신의 비용으로든, 지원되는 연구비로든 각자 책을 구입한다는 것이 바람직한가?' 하는 의문이 든다. 책은 도서관에서 구입해서 관리하고, 교수는 필요한 책을 도서관에서 빌려 연구하는 것이 국가적인 차원에서 더 낫지 않을까…?

미테랑 도서관 뒤로 흐르는 센 강을 따라 낭만도 흘러가는 듯 보였다. 공부하다 지친 학생들이 도서관 내 휴게소에서 수다를 떨며 여유로운 시간을 갖는 것도 좋아 보이고, 센 강 앞에 앉아 일광욕을 즐기며 잠시 쉬고 있는 연인들도 멋져 보였다. 파리의 센 강 앞에서는 그저 모든 것이 낭만적으로 보이는 것 같다.

센 강 앞에 앉아 일광욕을 즐기는 연인들

도서관 근처 카페에서 커피와 간단한 간식거리를 시켜 먹었다. 카페 안을 유심히 살펴보니, 이곳에서도 도서관처럼 컴퓨터를 켜고 뭔가를 치고 있거나, 책을 보며 노트를 하고 있는 사람들이 눈에 띄었다. 카페를 마치 도서관처럼 이용하는 듯해 보였다. 도서관의 후광이 줄 수 있는 멋진 풍경이다.

미테랑 도서관 근처 카페에서

저녁에는 한희를 만나 함께 저녁을 먹었다. 제자, 미선을 만났던 에펠탑이 마주 보이는 바로 그 식당에서. 한희는 내가 2년간 모시던 양 학장님의 딸로, 고등학교를 졸업하고 프랑스로 건너와 어학연수를 하며 디자인 학교 입학을 준비하고 있는 학생이다. 유학 전 잠시 내 프랑스어 문법 강의를 청강하기도 했었다. 성격이 내성적이라 유학을 떠날 때 걱정이 되어 격려도 해줄 겸 한 통의 편지를 써준 게 엊그제 같은데 벌써 1년이 다 되어 간다. 다행히 한희는 프랑스 생활에 잘 적응하며 살고 있는 것 같았다. 아마도 꿈이 있어서 견딜 수 있을 것이라는 생각이 들었다. 청소년기에 꿈이 있는 사람은 어떤 어려움도 이겨낼 수 있는 법. 그래서 학창 시절에는 공부도 중요하지만, 자신의 진로를 설계하고 꿈을 꾸는 게 더 중요한지 모르겠다.

에펠탑 앞에서 한희와 함께

들라크루아 미술관

프랑스 대혁명 기념일이다. 비행기와 헬기가 날아다니는 소리, 요란한 축포 소리에 잠에서 깼다. TV를 켜보았다. 샹젤리제 거리에서 군인들의 퍼레이드가 한창 펼쳐지고 있었다.

바나나와 아보카도, 오렌지 주스로 간단하게 아침을 먹고 내일부터 묵게 될 민박집을 미리 방문해 보기 위해 길을 나섰다. 내일은 각자 배낭을 메고, 커다란 캐리어를 끌고 대중교통을 타고 이동해야 하기 때문에 지하철과 RER의 동선을 파악하고 민박집의 위치를 확인해둘 필요가 있었다. 게다가 내일 둘째 딸 혜원이가 파리 샤를 드골 공항에 도착하는데 딸을 마중하러 여유 있게 공항에 가 있으려면 아침부터 무거운 짐을 가지고 집 찾으며 시간을 흘려보낼 순 없기 때문이다.

민박집은 RER 라플라스(Laplace) 역에서 멀지 않은 곳에 있었다. 걸어서 3분 정도의 거리였다. 하지만 지도만 가지고 찾기는 쉽지 않았다. 역 출구에 따라서 방향이 달라지기 때문이다. 사람들에게 물어서 겨우 찾았다. 미리 와보길 잘했다는 생각이 들었다. 집은 맘에 들었다. 넓은 정원이 있고, 큰 나무 아래로 테이블이 있어 저녁에 여유롭게 쉬기 좋아 보였다. 오 부장님이라 불리는 주인아저씨와 식사를 맡아 하는 이모님을 만나 잠깐 얘기를 나눴다. 우리가 거처하게 될 방을 구경하고 내일 오겠다며 민박집을 나왔다.

생 제르맹 데 프레 지역으로 갔다. 외젠 들라크루아 국립 미술관(Musée National Eugène Delacroix)에 가기 위해서. 대혁명 기념일에는 입장료가 무료이기 때문에 오늘을 기다렸다. 생 제르맹 지역은 사르트르와 보부아르, 헤밍웨이 등 문인, 작가, 지식인들이 즐겨 찾았던 카페, 레 되 마고(Les deux magots)와 카페 드 플로르(Café de Flore)가 있는 곳이다. 지금도 예술가와 문학도들에게 사랑받고 있지만, 지적인 분위기를 느껴보려 찾아오는 관광객들이 더 많다고 한다. 되 마고 카페 앞에는 곱게 뻗은 탑 모양이 아름다운 생 제르맹 데 프레 교회가 있다. 6세기에 세워져 파리에서 가장 오래된 로마네스크 양식의 교회다. 교회 앞에서는 거리의 악사들이 행인과 관광객들을 대상으로 연주에 여념이 없었다.

생 제르맹 데 프레 교회 앞, 거리의 악사들

생 제르맹 데 프레 교회 모습

들라크루아 미술관은 번잡한 길에서 벗어나 생 제르맹 데 프레 교회 뒤쪽, 한적하고 조용한 곳에 자리하고 있었다. 미술관은 들라크루아가 쓰던 아파트와 아틀리에, 두 개의 건물과 정원으로 구성되어 있는데, 들라크루아는 1857년부터 죽을 때까지 이곳에서 생 쉴피스 교회의 프레스코화 〈천사와 싸움하는 야곱〉(1861), 〈레베카의 납치〉(1858) 등 말년의 걸작들을 그렸다.

미술관에는 그의 대표작들이 걸려 있지 않았다. 〈석양〉과 같은 소품 몇 점과 사용했던 화구들, 모로코 여행 때 가져온 도자기와 칼 등만 전시되어 있을 뿐이었다. 그의 걸작 〈키오스 섬의 학살〉(1823-1824), 〈사르다나팔루스의 죽음〉(1827), 〈민중을 이끄는 자유의 여신〉(1830) 등을 보려면 루브르 박물관에 가야 한다.

들라크루아 미술관 입구

프랑스의 대표적인 낭만주의 화가인 외젠 들라크루아(1798-1863)는 파리 근교의 샤랑통 생 모리스의 상류 부르주아 가정에서 4남매 중 막내로 태어났다. 그의 부친은 제1공화정 외교관이었다. 부친이 사망한 이듬해인 1806년에 들라크루아는 파리의 리세 앵페리알 기숙학교에 들어가 고전 교육을 받았다. 군인이었던 형이 1807년에 전사하고, 어머니마저 1814년에 사망하자 그는 누이 집에 기거하게 되었다. 그는 1815년 외삼촌의 친구인 게랭의 화실에 들어가 그림을 배우기 시작하였고, 1816년에 에콜 데 보자르 미술학교에 입학하여 화가 수업을 계속해서 받았다.

들라크루아는 어린 시절부터 문학에 관심을 가졌는데 프랑스 문학뿐만 아니라 셰익스피어, 괴테 등 외국 문학에도 조예가 깊었다. 문학작품은 평생 그의 작품에 영감을 주게 되는데, 그는 문학에서 소재를 얻어 상상력을 덧붙여 자신의 새로운 세계를 창조해 보여줬다. 이런 점에서 그를 문학적인 화가라 한다.

〈사르다나팔루스의 죽음〉은 문학적 사건을 소재로 삼아 화가의 상상력을 더한 대표적인 작품이다. 이 작품은 바이런이 1821년에 쓴 '사르다나팔루스' 시를 토대로 하고 있는데 그 내용은 이렇다. 반란군에 의해 성이 완전히 점령당할 위기에 처하자 사르다나팔루스가 화장 장작단을 쌓고 그 위에 자신의 온갖 재물과 여인들, 충복들을 집합시켰다. 그리고는 처참한 살육의 향연을 벌이게 한 뒤 불을 붙여 자신을 포함해 모든 것을 태워버렸다. 이 이야기에 기초해 들라크루아는 변태적인 광기와 잔혹한 관능성이 가득한 작품을 그렸다. 활처럼 꺾인 여인, 날뛰는 말, 너부러진 패물들, 침대 위에 누워 차가운 시선으로 살육의 현장을 응시하는 왕 등 가학과 피학의 극단적인 이미지들이 끝없이 교차한다. 소름 끼치는 살육의 장면과 강렬한 색채, 인물들의 격렬한 몸부림, 모든 것을 즐기는 듯한 왕의 차가운 시선 등이…

이 그림에 대해 비평가들과 살롱의 심사위원들에게서 악평이 쏟아졌지만 자신의 예술에 대해 확고한 신념이 있었던 들라크루아는 까딱하지 않았다고 한다.

들라크루아가 문학적인 소재만을 그린 것은 아니었다. 역사적인 사건을 소재로 한 작품도 그렸다. 〈키오스 섬의 학살〉과 〈민중을 이끄는 자유의 여신〉은 그의 대표적인 역사화이다. 〈키오스 섬의 학살〉은 그리스 독립 전쟁을 주제로 그린 높이 4미터, 길이 3.5미터가 넘는 대작이다.

들라크루아, 〈사르다나팔루스의 죽음〉(1827), 위키피디아

들라크루아, 〈키오스 섬의 학살〉(1823-1824), 위키피디아

키오스는 에게 해의 터키 접경 지역에 있는 섬이다. 1822년 그리스 독립 전쟁 와중에 섬 주민들이 터키인들에 의해 학살되고 노예로 팔려가는 사건이 발생하였다. 많은 유럽인들의 공분을 산 이 사건을 들라크루아는 그림으로 표현해 1824년 살롱전에 출품했다. 화면은 원경과 전경으로 구성되어 있는데 원경에는 건물과 인간 군상들을 아주 작게 표현해 진압과 처형이 이루어지는 장면을 상상하게 만든다. 전경에는 말 탄 터키인에 의해 끌려가는 여인, 죽어가는 엄마와 엄마의 가슴을 부여잡고 있는 아이, 희망을 잃고 처형당할지, 포로로 끌려갈지를 기다리는 남녀들이 그려져 있다.

학살을 소재로 하고 있지만 화면이 밝은 것이 특징이다. 밝은 화면은 인물들의 비참한 상황을 강조하는 효과가 있다. 참혹한 학살 사건을 적나라하게 표현한 그림은 "이건 키오스 섬의 학살이 아니라 회화의 학살이다."라는 등 당시 많은 비난을 초래했지만 후대에는 "이 그림 이후 19세기 미술은 다시는 그 이전으로 돌아갈 수 없었다."라는 호평을 듣게 된다.

들라크루아, 〈민중을 이끄는 자유의 여신〉(1830), 위키피디아

〈민중을 이끄는 자유의 여신〉은 1830년 7월 혁명의 승리를 시각화한 작품이다. 이 작품에는 바리케이드를 넘어 동료의 시신을 밟고 샤를 10세의 전제에 항거하기 위하여 전진하는 다양한 계급의 인물들이 그려져 있다. 그 인물들 가운데는 화가의 모습도 있다. 실크해트를 쓰고 양손으로 총을 움켜쥔 이가 바로 들라크루아다. 무슨 연유로 화가는 자신의 모습을 화면에 그려 넣었을까? 아마도 혁명에는 직접 참여하지 못해도 그림에서라도 혁명을 지지하고 조국을 위해 희생할 준비가 되어 있다는 것을 보여주려는 의도가 아니었을까.

들라크루아 자신이 그림에 있다 해도 중심인물은 단연 화면 중앙에 삼색기를 들고 있는 여성이다. 그녀는 자유의 알레고리이다. 이 작품은 7월 혁명의 역사적인 사건을 묘사하고 있지만 사실과 비유를 혼합함으로써 단순한 역사적 사건의 기록을 넘어 보편적인 자유와 추상적인 혁명을 상징하게 됐다.

한편 새로 등극한 루이 필립은 이 작품을 3천 프랑에 구입하고 들라크루아에게 레종 도뇌르 훈장을 수여했다. 참고로 들라크루아가 활동하던 시기의 프랑스는 혁명과 반혁명이 거듭되며 정치 체제만도 복고왕정(1814-1830), 7월 왕정(1830-1848), 제2공화정(1848-1852), 제2제정(1852-1870)이 교체되던 때였는데, 이 과정에서 그는 정치 활동을 하거나 정치적 견해를 표현하지 않았다. 결국 〈민중을 이끄는 자유의 여신〉이 그의 유일한 정치적 견해의 표명인 셈이다.

미술관 관람을 마치고 나오면서 근처의 작은 정원에 앉아 잠시 휴식을 취하고 생 제르맹 데 프레 교회 내부를 관람했다. 그리고 교회 바로 맞은편에 위치하고 있는 레 되 마고 카페에서 에스프레소 한 잔을 마셨다. 파리의 명사들이 너 나 할 것 없이 즐겨 찾았다던 카페. 그들처럼 노천 좌석에 앉아 햇빛을 즐기며 마시는 에스프레소의 맛은 일품이었다. 이 시간만큼은 세상의 모든 시름을 잊은 채 나도 한 문학도가 되어 옛 작가들을 만나 보고, 또 그들의 행적을 느껴보았다. 그 어느 때보다도 행복한 순간이었다.

레 되 마고 카페에서 에스프레소 한 잔

오늘은 16구 스튜디오에서 보내는 마지막 날. 우리의 여행도 반환점을 돌았다. 간단하게라도 기념을 해야 할 것만 같아 집으로 돌아오는 길에 슈퍼에 들러 생테밀리옹 2010년산 와인 한 병과 간단한 안줏거리를 샀다. 가는 밤을 아쉬워하며, 또 내일부터 딸과 함께할 여행을 기대하며 와인의 향기에 빠져들었다.

들라크루아 미술관 근처에서 열리고 있던 야외 전시회, 파리 시내 전체가 예술 그 자체다

샤를 드골 공항에 딸 마중

요플레, 콘플레이크, 빵과 커피, 그 외 남은 음식으로 아침을 먹고 구석구석 집 청소를 했다. 쓰레기도 비우고, 사용한 수건과 그 외 물품들을 제자리에 갖다놓으며 이 집에 처음 왔을 때처럼 깔끔하게 정리해 놓았다. 집을 나서면서 나는 집주인에게 메모 한 장을 썼다. 다음에 이용할 민박 숙박 객을 위하여 이곳에 살면서 느꼈던 불편한 점과 더 나은 서비스를 위해 필요한 것들을 적었다.

안녕하세요?

좋은 위치에서 파리 구경 잘 하고, 잘 쉬었다 갑니다. 그러나 주변 여건들이 좀 더 받쳐주었다면 훨씬 더 추억에 남는 파리 여행이 되었을 텐데… 하는 아쉬움이 남아 이곳에 투숙할 다음 여행자들을 위해 몇 자 적습니다.

1. TV를 켜면 소음이 너무 심합니다. 프랑스 방송을 실컷 보고자 했던 여행자에게 실망을 가져다주네요.
2. 인터넷을 켜도 소음이 너무 심해 여러 교신을 즐길 수가 없어 아쉬웠습니다. 너무 시끄러워서 인터넷 장비를 도저히 켜둘 수가 없어요.
3. 주방기구와 전자레인지 등의 위생상태가 너무 열악합니다. 솔직히 너무 지저분해서 이용하고 싶은 마음이 들지 않았습니다.
4. 집안 구석구석 청소가 깨끗이 되었으면 합니다. 오래된 집과 청소가 안 된 집은 다릅니다.

이왕 여행자들에게 임대 사업하시는 것, 조금만 더 신경 써주신다면 이곳을 이용하는 여행자들이 훨씬 더 윤택하고, 아름다운 파리 여행을 할 수 있지 않을까요?

다음 여행자들을 위해 부탁드립니다. 그들이 관광하고 돌아왔을 때 이 집이 그들에게 편안한 휴식 공간이 될 수 있도록 여건을 개선해 주세요.

그럼, 안녕히 계세요.

2013. 7. 14

- 이 스튜디오를 이용했던 어느 여행자가 -

잠시 머물렀던 파리16구 스튜디오

테이블 위에 메모지와 열쇠를 놓고 스튜디오를 나왔다. 그게 일종의 체크아웃이었다. 이걸로 6일 동안의 파리의 부촌, 16구 트로카데로에서의 생활이 끝났다. 처음엔 집이 좁은 데다 TV와 인터넷까지 잘 작동되지 않아 불평을 많이 했는데 막상 떠나려고 하니 조금은 서운한 기분이 들었다. 그 사이 정이 들고 불편한 생활에도 익숙해졌나 보다. 인간이란 존재는 참 이상하기도 하다. 시간이 가면 그 어떤 환경에도 적응하게 되니 말이다. 그게 인간의 생존 비결인지도 모르겠다.

배낭을 메고, 캐리어를 끌며 파리 남쪽 라플라스로 이사를 했다. 짐이 무거워 지하철역에서 계단을 오르내리기는 조금 힘들었어도 큰 어려움 없이 민박집에 당도했다. 우리가 묵을 방이 아직 청소가 되어 있지 않아 짐을 맡겨놓고 파리 국제기숙사촌인 시테 위니베르시테르(Cité internationale universitaire de Paris)로 점심을 먹으러 갔다. 그런데 식당이 닫혀있었다. 알아보니 방학 때는 문을 닫는다고 했다. 우리가 공부했던 시절에는 기숙사에 남은 학생들이나 숙박객들을 위해 여러 식당 중 한 곳은 오픈을 해주었었다. 27년이 지난 지금, 그때 생각만 하고 갔다가 낭패를 보았다. 어떻게 할까 망설이다 그냥 공항으로 가기로 했다. 공항에 미리 도착해 여유 있는 시간을 갖는 것도 좋을 것 같았다. 시테 역에서 RER로 샤를 드골 공항까지는 40분 정도 걸렸다. 도착 안내판에서 딸, 혜원이가 타고 오는 비행기의 도착 시간과 터미널을 확인했다. 그리고 출발 층으로 올라가 폴 제과점에서 샌드위치와 콜라로 점심을 해결했다. 비행기가 도착하기까지는 시간 여유가 많았다. 공항 내 카페에서 커피를 마시고 책을 보면서 시간을 보냈다.

파리 샤를 드골 공항에서 딸을 기다리며

오후 4시 12분. 딸이 탄 대한항공 KE903편이 착륙했다는 표시가 안내판에 떴다. 안도의 한숨이 나왔다. 난생처음으로 머나먼 여행길을 홀로 헤쳐 온 딸은 어떤 모습일까 궁금해졌다. '엄마, 아빠가 공항에 마중 나와 있지 않으면 어떡해야 하나?' 하는 생각으로 겁을 잔뜩 먹고 상기된 모습으로 입국 심사대를 초조하게 통과하고 있지나 않을는지… 조금이라도 빨리 딸을 만나고 싶어 출구 가까이에서 기다렸다. 남편은 장난삼아 가이드들이 하듯, 종이에 '하 혜원'이라는 이름을 적은 메모판을 들고 출국장 앞에 서있었다. 얼마 후 딸이 출구로 나왔다. 딸은 안에서 우리의 모습이 보이지 않아 내심 걱정이 되었는데 출구 제일 앞에 나와 있을 줄은 몰랐다며 기뻐했다. 파리에서 상봉한 기념사진을 찍고 RER를 타러 역으로 갔다.

어제 미리 딸의 지하철 주 이용권인 나비고(Navigo)를 만들어 놓아 유용했다. 공항에서 민박집까지 RER가 곧장 가기 때문에 참 편리했다. 민박집이 파리 외곽에 있으면서도 유지되는 것은 공항으로부터 교통이 좋기 때문인 것 같다.

2층 침대가 있는 민박집 방

공항에 다녀온 사이 우리가 머물 2층 방이 정리되어 있었다. 방에는 2층 침대 두 개가 있었다. 2층으로 짐을 올려놓고 1층 식당으로 식사를 하러 내려갔다. 오늘 메뉴는 김치, 오이, 뼈다귀 감자탕이었다. 오랜만에 맛보는 한식, 정말 맛있게 먹었다.

저녁을 먹었지만 아직 해가 지지 않아 산책 삼아 개선문과 에펠탑을 보러 가기로 했다. 민박집으로부터 더 먼 곳에 위치한 개선문부터 들렸다. 샹젤리제 거리는 나중에 다시 오기로 하고 개선문을 배경으로 기념사진을 찍고 에펠탑으로 이동했다.

해질녘, 개선문 앞에서

샹젤리제 거리

에펠탑아~ 방가방가, 그리웠어!

에펠탑 앞에서 딸과 함께

여행객들이 파리에 와서 가장 먼저 가보고 싶어 하는 곳이 에펠탑이라고 한다. 전 세계 여성들이 프러포즈를 받고 싶은 제1순위 장소 또한 에펠탑이라고 한다. 이런 에펠탑을 우린 그동안 수도 없이 많이 봤지만, 2000년 유럽 가족 배낭여행할 당시, 겨우 4살 밖에 안 돼서 파리에 대해 어렴풋한 기억만을 가지고 있는 딸에게 빨리 보여주고 싶었다.

301미터 높이의 에펠탑. 에펠탑은 프랑스 건축공학자 귀스타브 에펠(1832-1923)의 이름에서 따온 명칭이다. 2년 2개월의 공사 기간을 거쳐 완성된 탑은 1930년 뉴욕 크라이슬러 빌딩이 세워지기 전까지 세계에서 가장 높은 건물이었다. 지금은 첨탑과 통신용 안테나가 덧붙여져 높이가 324미터에 이른다. 7300여 톤의 철이 이용된 에펠탑은 철의 시대 개막을 알리는 기념비였다. 하지만 공사가 시작되기 전부터 시비가 끊이지 않았다. 모파상, 졸라, 뒤마, 구노 등 많은 지식인들과 예술인들은 파리의 미관을 망치는 혐오스러운 쇳덩어리에 불과하다며 탑 건립에 반대했다. 혹평가들 중에서도 특히 모파상은 끈질기게 에펠탑에 반감을 가졌던 인물이다. 모파상이 파리에서 탑이 보이지 않는 유일한 곳이라는 이유로 에펠탑 2층의 식당에서 식사를 했다는 일화는 유명하다.

건립 당시 '흉물스러운 철 덩어리'라는 비판을 받던 에펠탑이 지금은 파리 최고 관광 명소로 사랑받고 있다. 파리를 넘어 프랑스의 상징으로 불린다. 당시 누가 천덕꾸러기 에펠탑이 프랑스를 상징하는 이미지로 자리 잡을 줄 상상이나 했을 것인가. 사람이나 사물의 가치는 시간을 두고 판단해야 한다는 교훈을 얻는다.

샤이요궁 쪽으로 갔다. 에펠탑 전체 모습을 가장 잘 볼 수 있는 곳이다. 샤이요궁 근처에 위치한, 오늘 아침까지 우리가 머물렀던 16구 트레카도로에 있는 집까지 딸에게 보여주고 민박집으로 돌아왔다. 라 플라스 역에서 민박집으로 오는 길에 슈퍼에 들러서 맥주와 물을 샀다. 민박집에서 오랜만에 한식을 먹으면서 짜게 먹었나 보다. 시내 관광 내내 목이 탔다. 빨리 숙소로 들어가 시원한 맥주 한잔을 들이켜고 싶은 마음이 굴뚝같았다.

여행지에서 관광을 마치고 숙소에 돌아와서 샤워를 한 후에 마시는 맥주 한 잔의 맛은 여행자에게 이루 말로 표현할 수 없는 행복감을 가져다준다. 내게 있어 특히 오늘이 그랬다. 남편과 그리고 한국에서 8,000Km도 넘는 거리를 10시간 넘게 비행을 하고 날아온 딸과 함께 만리타향에 있는 파리의 민박집에 옹기종기 모여 앉아서 시원한 맥주 한잔을 하며 여느 때보다 아늑하고 풍성한 시간을 보냈다. 정원에서 바람까지 시원하게 불어주니 세상 부러울 것이 없었다.

베르사유 궁전

오늘은 민박집에서 제공하는 아침을 먹기 위해 6시 30분에 일어났다. 식사는 7시부터 가능하다. 다시 패키지여행이 시작된 것 같았다. 시차 적응에 힘들 텐데 다행히 딸이 잘 일어나주었다. 한식으로 아침을 먹고 베르사유 궁전을 보러 가기 위해 길을 나섰다. 민박집 사장님이 베르사유 가는 노선을 친절하게 잘 알려주셨다. 먼저 RER를 타고 시테 위니베르시테르에서 내린 다음, 그곳에서 다시 트램 3a선으로 갈아타서 종점에서 내린 후, 그곳에서 또다시 RER C선을 타라고 했다. 그런데 우리의 관광 가이드인 남편은 민박집 사장님이 알려주신 노선이 좀 번거롭다는 생각이 든다며 RER를 타고 시테에서 내리지 않고 생미셸 역까지 갔다. 생미셸에서 RER C선을 타면 곧바로 베르사유 리브 고슈 역까지 갈 수 있기 때문이다. 그런데 이게 웬 사건이란 말인가. RER C선이 오스테를리츠 역에서 앵발리드 역까지 공사 중이라 베르사유를 가려면 지하철 10호선을 타고 자벨 역까지 가서 RER C선을 타라는 안내 표지가 붙어있었다. 10호선을 타러 갔다. 평소와 다르게 너무 많은 사람들이 지하철을 기다리고 있었다. 우리 차례가 되기까진 끝이 없을 것 같았다. 계획을 수정해야 했다. 우리는 다시 RER B선을

'뭐가 잘 못 된 거지?' 여행 첫날부터 고생시킨 아빠와 모르는 타인처럼, 출발!!!

타고 시테 위니베르시테르 역까지 되돌아갔다. 그곳에서 트램 3a선을 타고 종점인 퐁 뒤 가릴리아노까지 갔다. 그리고 마침내 RER C선을 탔다. 집을 나선지 1시간이 훌쩍 지난 뒤였다. 파리 현재 상황을 잘 알고 계시는 민박집 사장님 말을 들었어야 했는데… 이런 변수가 있을 거라 생각도 못 하고 파리를 좀 안다고 잘난 척하며 지도상으로 더 쉽고, 더 빠른 길을 선택했다가 고생만 사서 했다.

베르사유 리브 고슈 역에서 사람들이 우르르 한 방향으로 빠져나갔다. 모두 베르사유 궁전으로 향하는 것이다. 역에서 걸어서 5분 거리에 궁전이 있다. 우린 우선 허기부터 채우기로 했다. 언제 식사를 할 수 있을지 모르기에 외국여행, 특히 유럽을 여행할 때는 먹을 수 있을 때 먹어두는 것이 여행을 잘 하는 비결 중의 하나다. 역 바로 건너편에 있는 맥도날드로 들어갔다. 13년 전 가족이 배낭여행 왔을 때도 이용했던 바로 그 맥이다. 맥 세트 메뉴와 필레 오 피쉬와 프랑스식 감자튀김인 프리트 등으로 요기를 하면서 아침에 허비했던 힘을 재충전하고 궁전으로 향했다.

궁전 앞에는 거대한 두 줄기의 줄이 있었다. '아니, 이게 무슨 줄?' 살펴보니 하나는 입장권을 구입하는 줄이요, 또 다른 하나는 입장을

거대한 두 줄기의 줄 ; 입장권을 구입하는 줄과 궁전 입장을 기다리는 줄

기다리는 줄이었다. 우린 입장권이 없으니 당연히 입장권 구매 줄에 섰다. 줄을 서서 기다리는 중에 남편의 제자, 김연중 군을 만났다. Quelle surprise! 남편의 제자, 연중 씨는 보르도에서 어학연수를 받고 있는데 파리에 놀러왔다고 했다. 참 세상 좁다! 에펠탑 근처에서 제자, 미선 씨도 만났는데… 남편은 연중 씨의 연락처를 받아놓고 보르도에 가면 연락해서 만나자고 했다. 기다린 지 한 시간여 만에 입장권을 구매했다. 딸은 만 18세 미만이어서 입장이 무료였다. 그나마 다행이었다. 우리는 입장권을 구하면 바로 입장이 될 줄 알았다. 그런데 그게 아니었다. 다시 밖으로 나가 궁전 입장을 기다리는 줄에 서야 한다는 것이었다. 이럴 수가. 처음에는 설마 했는데 그게 사실이었다. 표 끊는데 1시간, 궁전으로 들어가는데 2시간을 햇빛이 강렬하게 내리비치는 땡볕 아래, 나무 그늘도, 인공 그늘도 없는 뜨거운 돌 길 위에서 꼼짝없이 우리는 줄을 서서 입장을 기다려야 했다. 오늘은 루브르나 퐁피두 같은, 거의 대부분의 박물관이 휴관하는 날인 데다가 하필 베르사유 궁전은 어제 쉬는 날이어서 오늘 모두들 이리로 몰린 것 같았다. 아무리 베르사유 궁전이 유명하기로서니 프랑스 사람들 너무 한다는 생각이 들었다. 베르사유를 볼 거면 이 정도의 고난은 감수해야 한다는 배짱인가? 물을 마시며 버티기를 2시간여. 표 산 시간까지 3시간 만에 겨우 궁전에 입장을 할 수 있었다. 모두들 인내심도 좋다. '내 다시 오는가 봐라' 하는 마음이 들었지만, 그건 나중 일이고 일단 궁전에 들어왔으니 구경부터 해야 했다.

베르사유 궁전 내 루이 14세 동상

17세기 프랑스 예술사의 가장 완벽하고 가장 화려한 건축물을 대표하는 베르사유 궁전은 원래는 루이 13세가 사냥을 즐기기 위해 세웠던 저택에 지나지 않았

베르사유 궁전 입구

다. 그것을 루이 14세가 증축과 개조를 통해 1682년에 정부의 소재지로 자리 잡게 되었다. 1661년부터 루이 14세는 루이 13세 궁전의 증축과 개조 공사를 시작하였다. 루이 14세는 재무 장관이던 니콜라 푸케의 보르비콩트성 건설과 장식에 참여했던 관계자들을 자신의 성 건설에 투입시켰다. 루이 르 보(1612-1670)가 건축을 담당하였다. 그가 죽은 후에는 쥘 아르두앙 망사르(1645-1708)가 뒤를 이었다. 실내 장식가인 르 블랑은 왕의 침실 등의 장식을 맡았고, 조경사인 앙드레 르 노트르(1613-1700)는 정원을 맡았다.

궁전에서 가장 웅장하고 아름다운 공간은 아마도 거울 회랑일 것이다. 1684년에 완성된 거울 회랑은 73미터에 이르는 한 쪽 벽면이 거울로 이루어져 있고, 천장에는 빛나는 샹들리에가 걸려있으며, 다른 면들은 온통 멋진 그림들로 장식되어 있다. 샹들리에의 오색찬란한 불빛이 반짝이고, 감미로운 음악이 흐르는 가운데 아름다운 자태를 뽐내는

화려하고 아름다운 겨울 회랑,
나도 오늘은 왕후가 되어~

수많은 왕후와 귀족들이 화려한 거울 앞에서 춤을 추는 모습을 상상해 보았다. 얼마나 멋지고 근사했을까. 거울 회랑은 그 화려함과 사치스러움으로 유럽 다른 나라들의 왕후와 귀족들에게 동경의 대상이 되었다고 한다.

그런데 어쩌면 이미 이 화려한 거울 회랑에서 대혁명의 씨앗이 잉태되고 있었는지 모르겠다. 루이 14세는 봉건영주들의 반란을 두려워해 주기적으로 이들을 베르사유 궁전으로 불러 성대한 연회를 베풀었고, 이러한 사치 생활은 생활고에 시달리던 민중들의 반감을 샀기 때문이다. 베르사유 궁전은 루이 16세 재위 시절에 비로소 완공됐다. 하지만 그는 화려한 궁전에서 제대로 살아보지도 못하고 콩코르드 광장에서 왕비인 마리 앙투아네트와 함께 단두대의 이슬로 사라지고 말았다.

1789년 10월 6일 왕정이 베르사유 궁전을 떠났고, 1837년 국왕 루이 필립의 결정에 의해 궁전은 "프랑스의 모든 영광"에 헌정되어 박물관으로 모습이 바뀌게 된다.

호화롭고 화려한 왕비의 침실

딸은 많고 많은 방들 중에서 왕비의 침실에 특히 많은 관심을 보였다. 호화롭고 아름다운 장식과 문양 때문이었으리라. 보아하니 딸은 색상이 화려하고 우아한 것들을 좋아하는 것 같다. 나름 자신만의 미적 감각을 지니고 있다.

베르사유 궁전 내 정원

궁전 구경을 마치고 정원으로 입장을 하려는데 경비원이 딸의 입장을 막았다. 정원으로 들어가려면 표를 구입해야 한다고 했다. 청소년에게 궁전은 무료지만 정원은 아니라고 하였다. 이런 법도 있나 싶었지만 어쩔 수 없었다. 다행히 궁전 입장할 때처럼 정원 입장 줄은 길지 않았다. 기실, 궁전 입장할 때 18세 미만은 무료라 해서 우리 부부만 풀코스 관람 표를 샀었는데, 결국 딸도 정원 관람료 6.5유로를 내고 말았다. 그렇다 하더라도 프랑스는 문화적인 면에서 무료 제도가 참 잘 되어 있는 편이다. 학생이나 26세 이하의 젊은이들은 미술관이나 박물관 등을 무료로 관람할 기회가 많고, 또 미술학도나 역사학도, 그리고 교사 등도 언제든지 그런 곳에 무료입장이 가능하다고 한다.

1661년부터 앙드레 르 노트르에 의해 정비되기 시작하고 망사르에 의해 완성된 정원은 화단, 관목림, 동상과 분수 등의 요소로 기하학적 문양의 대칭성을 강조하는 프랑스식 정원의 전형적인 모델을 보여준다. 전체 면적이 800헥타르로 매우 넓기 때문에 걸어서 다 보기는 힘들다. 미니기차를 타거나 자전거를 빌려 돌아다니는 것이 좋다. 그런데 우리는 미련스럽게 땡볕을 쐬며 줄기차게 걸어 다녔다. 순전 남편의 고집 때문이다. 나와 딸은 장장 3시간이나 줄 서서 기다린 끝에 겨우 궁전을 입장해서 다리가 아프니 미니기차를 타고 궁전 한 바퀴 돌자고 제안했는데, 남편은 걸으면서 좀 둘러보다가 천천히 타자고 했

베르사유 궁전과 정원의 이모저모

다. 나중에 지쳐서 미니기차를 타려고 했을 때는 걸어 다닌 게 아깝기도 하고, 우리의 제안을 무시한 남편에게 오기가 생겨서도 기차를 타지 못했다. 딸은 하필 이렇게 많이 걷는 날, 운동화를 신고 오지 않고 쪼리슬리퍼를 신고 와서 엄지발가락이 부르트고 피멍이 들었다. 출발할 때 오늘 많이 걸어야 하니까 운동화를 신으라고 그렇게나 충고를 했었는데… 베르사유 궁전이 얼마나 큰지 알지 못한 탓이다. 4살 때 왔을 적에는 유모차를 타고 다녔으니까.

라토나 분수를 거쳐 아폴론 분수까지 갔다. 그 옆에 카페가 하나 있었다. 가뭄에 단비를 만난 듯 기뻤다. 사막에서 오아시스를 만나면 이처럼 반가울 수 있을 것인가? 카페에 앉아 휴식을 취한 후 마지막 젖먹던 힘까지 짜내서 그랑 트리아농과 프티 트리아농, 그리고 마리 앙투아네트의 영지를 구경했다.

건축가 쥘 아르두앙 망사르가 1687-1688년에 카라라산 흰 대리석과 랑그독 지방의 붉은색과 회석 대리석으로 건축한 그랑 트리아농은 루이 14세가 애첩 망트농 부인과 살기 위해 세운 별궁이었다.

1763년부터 1768년까지 신고전주의 양식에 따라 건축된 프티 트리아농은 루이 15세가 그의 애첩 퐁파두르 부인을 위해 세운 것이었다. 하지만 프티 트리아농은 마리 앙투아네트와 별개로 생각할 수 없을 정도로 그녀와 깊은 관계를 갖고 있다. 마리 앙투아네트는 1774년 루이 16세로부터 트리아농 영지를 하사받았다. 1787년에 리샤르 미끄에 의해 왕비의 촌락이 건설되었는데 촌락은 커다란 호수를 중심으로 십여 채의 농가로 형성되어 있다. 마리 앙투아네트는 초가지붕으로 된 농가와, 풍차와 농장이 있는 인공 농촌에서 마음의 평화와 안식을 구했다. 하지만 호화로운 궁정 생활에 지쳤을 때 잠시 맞이하는 시골 생활에서 백성들의 진짜 고통을 이해할 수는 없는 법. 혁명은 잉태되어 있었고 단두대로 향하는 길은 이미 준비되어 있었다.

마리 앙트와네트의 안식처, 프티 트리아농 내 왕비의 촌락

자전거 타고 베르사유 궁전 한 바퀴, 풋풋한 젊음이 좋다

왕비의 촌락까지 모두 구경하고 대운하 앞에 있는 레스토랑에서 커피와 달콤한 케이크를 먹으며 휴식을 취했다. 그러지 않고는 온 몸에 힘이 빠져서 도저히 걸어 나갈 엄두가 나지 않았다. 그런데도 딸은 여전히 힘이 넘치나 보다. 자전거를 빌려달란다. 젊음이 좋긴 좋다. 2000년도에 언니네 가족과 유럽 배낭여행을 할 때 베르사유의 이곳에서 조카 재민이가 자전거를 타다 넘어져 앞니가 부러진 일이 있어 자전거를 빌리는 것이 썩 내키지 않았다. 하지만 딸이 자전거를 타고 걸어서 가보지 못한 곳을 돌아보고 싶다고 하는데 안 빌려줄 수가 없었다. 그 대신 30분만 타기로 했다. 자전거를 빌리기 위해서는 신분증을 맡겨야 했다. 여권을 맡기고 자전거를 빌렸다. 딸은 넘어지지 않고 무사히 자전거를 잘 탔다.

민박집에 돌아오니 저녁 8시 5분 전. 민박집에서 저녁식사는 7시부터 8시까지다. 다행히 식사가 끝나지 않아 닭죽과 샐러드, 김치전 등으로 저녁을 먹을 수 있었다. 저녁을 먹고 샤워를 하니 하루 종일 땡볕에 지친 심신이 좀 회복되는 것 같았다. 아마도 오늘 하루가 이번 여행에서 가장 힘든 하루가 되지 않을까 싶었다. 민박집으로 들어오는 길에 사온 맥주 몇 캔을 가지고 민박집 사람들과 친교를 나눴다.

라틴 지역과 노트르담 성당

퐁텐블로에 가기 위해 리옹 역으로 나갔다. 먼저 토요일에 갈 보르도 행 표를 예약하려고 예매 창구로 갔다. 번호표를 끊고 30분 정도 기다리니 차례가 되었다. 그런데 창구 직원이 유레일패스 티켓을 가지고 있는 사람들은 지하층에 있는 특별 창구에서 예매해야 한다고 하였다. 이곳에선 표 예매가 안 된다고 하면서. 기다린 시간이 아까웠지만 어쩔 수 없었다. 직원이 알려준 아래층으로 내려갔다. 외국인 관광객으로 보이는 사람들이 줄을 서서 기다리고 있었지만, 다행히 줄은 길지 않았다. 직원은 한번에 3개의 노선까지 표를 예매할 수 있다고 했다. 우리는 파리-보드도 행과 보르도-카르카손 노선까지 예매했다. 카르카손에서 몽펠리에까지는 지방선이기 때문에 예약을 할 필요가 없었다. 예약비는 각 노선에 54유로씩 총 108유로가 들었다. 일인당 좌석 값이 한 노선 당 18유로가 든 셈이다. 패스가 있어 좌석만 예약하는 데 너무 비싸다는 생각이 들었다.

패스를 개시하려면 직원의 스탬프를 찍어야 하는데 그것은 떠나는 날 당일만 가능하다고 했다. 스탬프를 미리 받아두면 떠나는 날 여유 있어 더 좋을 텐데… 내일 조금 더 일찍 와서 받을 수밖에.

리옹 역에서 보르도 행 표 예약 문의

패스가 있으면 여행할 때 훨씬 더 편리할 줄 알았는데 그냥 일반 표를 사는 것보다 더 불편하고, 그렇다고 경제적으로도 크게 도움이 되는 것 같지도 않았다. 다음에 여행할 일이 있으면 패스 사는 것은 재고해 보아야 할 것 같다. 예매를 마치고 나니 이미 1시가 넘어 있었다. 퐁텐블로에 가기엔 너무 늦은 시간이었다. 계획에 차질이 생겼다. 어쩔 수 없이 가는 방법만 알아두고, 퐁텐블로에는 내일 가기로 했다. 대신 오늘은 생미셸 거리 주변을 관광하기로 계획을 수정했다.

금강산도 식후경. 배꼽시계가 충전시켜달라고 꼬르륵거리며 아우성이었다. 뤽상부르 공원 입구 맞은편에 있는 브리오슈 도레(Brioche doré)에서 참치 샌드위치와 딸기 타르트, 콜라와 커피로 점심을 했다. 8.10 유로. 가격도 저렴하고 맛도 좋아 매우 만족스러웠다.

먼저 팡테옹으로 갔다. 팡테옹은 생트 주네비에브 언덕에 자리 잡고 있는데, 이곳은 로마가 파리를 점령했던 시절 중심지였다. 신고전주의 양식의 팡테옹은 루이 15세가 파리의 수호 성녀인 주네비에브에게 봉헌한 교회 건물이었다. 이 교회는 프랑스 혁명기에 완공됐다. 제헌의회는 1791년 미라보 백작의 장례식을 논의할 때 이 교회를 '팡테옹

팡테옹 앞에서

프랑세'라고 명명하고 국가 유공자를 모시는 곳으로 사용하기로 의결하였다. 미라보에 이어 볼테르와 루소 등이 이곳에 안장되었다. 하지만 미라보 백작은 나중에 루이 16세 부부와 결탁했음이 드러나 이곳에서 쫓겨났다.

8유로를 내고 입장했다. 입구 왼쪽에 생 드니가 처형자들 앞에서 자신의 잘려나간 머리를 집어 드는 모습과 오른쪽 안쪽에 있는 성녀 주느비에브의 죽음을 묘사한 그림이 시선을 끌었다. 지하 제실로 내려갔다. 지하묘지는 감방같이 작고 어두운 방으로 가득한데 방마다 무덤이 들어서 있다. 철학자 루소와 볼테르, 작가 위고와 졸라, 물리학자 마리 퀴리와 피에르 퀴리 부부 등의 묘소를 둘러보았다. 각기 다른 시대의 다양한 인물들이 죽어서 한 공간을 공유하며 나누고 있다는 사실이 흥미로웠다. 특히 18세기 프랑스 계몽주의를 대표하는 두 인물, 루소와 볼

생 드니가 처형자들 앞에서 자신의 잘려나간 머리를 집어 드는 모습

성녀 주느비에브의 죽음을 묘사한 그림

테르의 동상이 서로 마주하고 있어 인상적이었다.

톨레랑스(관용)의 중요성을 역설한 볼테르는 새로운 제도와 개혁을 통해 인간을 계몽시키려 했던 반면 루소는 사회가 인간을 사악하게 만들고 인간의 각종 제도가 인간의 영혼을 병들게 한다면서 자연으로 돌아갈 것을 권하였다. 기질이나 사상에서 정반대의 입장이었던 두 사람. 루소와 볼테르가 서로에게 보낸 편지 내용 한 토막을 보면 흥미진진하다.

볼테르의 묘

루소의 묘

다음은 루소의 〈인간 불평등 기원론〉을 읽은 볼테르가 루소에게 보낸 편지 내용이다.[5]

> 인류의 진보에 반대하는 새로운 책을 고맙게 받았습니다… 이만한 기지로 우리를 동물로 만들려고 시도한 사람은 귀하를 빼놓고는 없을 겁니다. 책을 읽으니 네 발로 기고 싶어집니다. 그러나 나는 그런 습관을 버린 지 60년이나 지났기 때문에 불행하게도 기는 습관을 다시 시작할 수는 없습니다.

5 http://egloos.zum.com/connecTie/v/361446 참조

다음은 제네바에 극장을 건립하는 문제로 볼테르와 의견이 엇갈린 루소가 볼테르에게 보낸 편지 내용이다.[6]

> 당신은 당신이 찾은 피난처 제네바를 타락시켰습니다. 바로 당신이 제게 고향에 머무는 것을 못 견디게 만든 장본인입니다. 저는 당신 때문에 이국땅에서 죽어야 합니다. 당신이 제 조국에서 인간이 바랄 수 있는 모든 영예를 차지하는 동안 저는 죽은 짐승을 버리는 구덩이에 던져질 것입니다. 간단하게 말해 저는 당신을 증오합니다.

팡테옹의 내부 모습

기질과 사상은 달랐지만 커피를 좋아한 것은 두 사람의 공통점이었나 보다. 볼테르는 하루에 커피를 50잔 이상 마신 마니아로 알려져 있고, 루소는 "아, 이제 더 이상 커피 잔을 들 수 없구나."라는 말을 남기고 숨을 거두었다고 한다.

팡테옹을 나와 골목길을 따라 내려가다 국립 중세 박물관인 클뤼니 박물관(Musée National du Moyen Âge)에 닿았지만 정원만 둘러보고 나와 곧장 소르본 대학으로 갔다. 13세기에 설립된 소르본 대학은 현재 파리 4대학이라 불린다. 나는 1986년, 남편은 1987년 파리 3대학에 이어 소르본 대학에서 어학연수를 받았다. 문법 수업은 국제대학기숙사촌

6 http://egloos.zum.com/connecTie/v/361446 참조

소르본 대학 앞에서

에 있는 강의실에서 있었고, 문학 수업은 이곳 원형 강의실에서 이루어졌다. 한국에서 학부를 마치지 않고 군대 제대 후 곧바로 프랑스로 공부하러 온 남편은 상급반에 등록되어 있었지만, 일반 대학 강의처럼 진행되는 문학 수업은 거의 알아듣지 못했다. 그래도 다행히 소르본 대학의 상급반 수료증(certificat)을 취득하여 프랑스 대학에 입학하는 데 큰 도움이 되었다.

'명예의 뜰'에 들어서니 인문학과 자연과학을 대표하는 두 인물, 빅토르 위고와 루이 파스퇴르의 동상이 명예의 뜰을 바라보고 서 있다. 명예의 뜰은 1968년 5월 학생혁명이 점화된 역사적인 장소이기도 하다. 동상 뒤로는 소르본 성당이 있다. 이곳엔 17세기 소르본의 대법관이자 추기경이었던 리슐리외가 잠들어 있다. 외부인은 대학 내부로 들어갈 수 없어 소르본 광장과 동상들을 배경으로 사진 몇 장만을 찍고 나왔다.

소르본 성당과 명예의 뜰

인문학과 자연과학을 대표하는 두 인물, 빅토르 위고와 파스퇴르 동상

생 미셸 지하철 역

생 미셸 광장의 분수

소르본 대학을 나와 생 미셸 대로를 따라 걸으니 생 미셸 광장에 이르렀다. 광장에는 큰 벽면을 배경으로 1860년 가브리엘 다비우가 완성한 대천사 미카엘이 악마를 분수 속에 던져 넣는 장면을 묘사한 분수가 있다. 분수에서 시원한 물이 흘러내렸다. 날개 달린 그리핀의 입에서도 물줄기가 뿜어져 나왔다. 분수 앞에서 한여름의 더위를 잠시 잊을 수 있었다.

센 강을 따라 시테 섬의 노트르담 성당을 바라보며 걸었다. 시테 섬은 파리 문명이 시작된 곳이다. 기원전 53년 로마인들이 이 지역을 점령했을 때 이미 켈트족의 한 분파인 파리시이족이 루테티아라는 원시적인 부락을 이루고 있었다. '파리'라는 명칭은 파리시이족에서 유래했다.

섬 안에는 고딕 양식의 걸작, 노트르담 성당이 있다. 1163년에 공사가 시작되어 1330년에 완성된 노트르담 성당은 고딕 양식 건축물의 결정판이라 할 수 있다. 노트르담은 아름답기로 유명하다. 하지만 외관상 더 아름다운 성당은 다른 곳에도 많이 있다. 그럼에도 노트르담 성당이 세계적인 명성을 얻은 것은 아마도 이 성당이 세계적인 문화 예술의 중심지인 파리에 있다는 것일 것이다. 그리고 빅토르 위고의 불멸의 명작 〈노트르담의 꼽추〉도 크게 기여했을 것이다. 위고는 노트르담을 '돌에 새긴 위대한 교향곡'이라고 격찬하였다고 전해진다.

노트르담 성당을 배경으로

성당 입구 앞쪽에 임시 공연장 같은 것이 만들어져 있었는데 많은 관광객들이 그곳에 둘러앉아 공연을 관람하고 있었다. 우리도 그들 곁에 끼여 앉아 공연을 구경하면서 아름다운 노트르담 성당 외관을 감상했다. 세 개의 정문은 수많은 조각상으로 장식되어 있는데 나는 왼쪽 정문 위에 자신의 머리를 들고 서 있는 생 드니 조각상에서 눈을 떼지 못했다. 팡테옹에 갔을 때 입구 왼쪽에 생 드니가 처형자들 앞에서 자신의 잘려나간 머리를 집어 드는 모습이 담긴 그림이 있어 관심

아름다운 노트르담 성당의 이모저모

을 갖고 보았는데, 이곳에선 똑같은 묘사가 조각상으로 되어 있다. 조각상을 한참 동안 바라보다 안으로 들어가 내부를 둘러보았다. 원형의 화려하면서도 은은한 스테인드글라스가 인상적이었다. 노트르담 성당에 방문할 때마다 스테인드글라스를 수차례 보았지만 언제 보아도 아름답다는 생각은 변하지 않는다.

성당을 나와 왼쪽으로 돌아 정원을 지나 시테 섬과 생 루이 섬을 연결하는 보행전용인 생 루이 다리를 건넜다. 연인들이 사랑의 언약을 약속한 열쇠로 가득한 생 루이 다리는 거리 예술가들의 훌륭한 무대로 쓰이고 있었다. 다리를 건너니 아이스크림 가게가 눈에 띄었다. 뜨거운 땡볕이 머리 위를 강타하고 있는 한낮, 아이스크림 가게를 보고 그냥 지나칠 수는 없었다. 아이스크림을 입에 물고 관광객을 유혹

연인들이 사랑의 언약을 약속한 열쇠로 가득한 생 루이 다리

시테 섬 여기저기를 거닐며

하는 아기자기한 가게들이 즐비한 생 루이 섬 골목길을 따라 이곳저곳을 거닐었다.

시식을 권하는 초콜릿 가게가 보였다. 딸이 초콜릿에 관심을 갖고 있어 가게 안으로 들어갔다. 몇몇 초콜릿을 시식하며 가게 안을 둘러보았다. 다양한 모양의 초콜릿 제품들이 전시되어 있었다. 그냥 시식만 하고 나가기가 미안해서 에클레르와 아이스크림, 에스프레소를 주문했다. 딸은 학교에 제출할 현장 보고서 자료로 쓰기 위해 가게 이모저모를 사진에 담았다. 여유를 즐기며 발길 닿는 대로 걷던 중, 우연히 발견한 가게에서 운 좋게도 많은 것을 얻었다.

deNeuville 초콜릿 가게

다시 센 강을 따라 여유 있게 걸으면서 거리의 악사들 음악도 듣고, 영화 촬영 광경도 구경하였다. 기념품 가게에도 들러 파리를 대표하는 엽서 몇 장도 샀다. 오늘 퐁텐블로에 가지 못한 것이 오히려 시간에 쫓기지 않고 한가롭게 파리를 더 잘 둘러볼 수 있는 기회가 되었다.

시테 섬 생 루이 다리 위에서 거리의 악사들

생 미셸 주변 센 강에서 영화 촬영 중

바르비종, 퐁텐블로 그리고 오르세 미술관

리옹 역에서 퐁텐블로-아봉 역까지는 한 시간이 채 걸리지 않았다. 첫 목적지는 퐁텐블로 성이 아니라 바르비종. 여행안내 책자에 의하면 역 앞에서 버스를 타라고 했는데 버스가 보이지 않았다. 알아보니 주말에만 버스가 운행된다고 했다. 난감해졌다. 그런데 다행히 역 앞에 택시 한 대가 서있었다. 택시를 타고라도 가고 싶은 곳이라 요금이 얼마나 나올지 모르겠지만 택시를 타기로 했다. 그때 한 아주머니가 오더니 바르비종에 가냐고 물었다. 그런다고 했더니 자기도 바르비종에 가는데 같이 택시를 타고 요금을 분담하자고 했다. 나는 좋다고 했다. 택시 안에서 이런저런 이야기를 나누었다. 대화를 통해서 미술을 좋아하는 독일인이라는 걸 알 수 있었다. 며칠 전에는 오베르와 지베르니에도 갔다 왔다고 했다. 두 마을은 고흐와 모네 덕분에 지금은 일반인들에게도 잘 알려져 있지만, 미술을 좋아하는 사람이라면 꼭 생애 한 번쯤 방문하고 싶은 곳이다.

퐁텐블로 숲을 가로지르고 밀레의 작품 배경이 되었을 법한 탁 트인 밀밭을 지나 바르비종에 도착했다. 택시비는 생각보다 적게 나왔다. 28유로. 독일인이 8유로를 내게 주었다. 사람 수대로 나눈 몫이었

한적하고 평화로운 바르비종 마을

다. 나는 택시 값을 지불했다. 기사는 떠나면서 요구하지도 않았는데 자신의 명함을 주었다. 그러면서 혹시 바르비종에서 갇히게 되면 연락하라고 했다. 선견지명이 있었을까? 아니면 경험으로 예측했을까? 우린 다시 그 택시로 바르비종을 나오게 된다.

바르비종은 바르비종파 화가들이 살던 마을로 유명하다. 바르비종파 화가들이란 주로 1830-1875년 사이에 활동했던 밀레, 루소, 카미유 코로, 샤를 자크, 샤를 도비니 등을 일컫는다. 물론 지금도 바르비종에서 활동하는 화가들도 있지만. 프랑스에서 야외 스케치가 크게 유행하던 19세기 중반, 바르비종에 화가들이 몰려들었다. 19세기 초까지만 해도 프랑스에서는 야외의 실경을 그린 풍경화가 중요한 장르로 취급되지 않았다. 그러다가 피에르 앙리 드 발랑시엔이라는 화가의 청원으로 1817년부터 국가가 풍경화 분야에서도 우수한 화가에게 로마상을 수여하는 제도를 시행했고, 그 이후로 풍경화가 새로운 관심의 대상이 되었다. 로마상이란 프랑스 왕립 미술 아카데미에서 우수한 미술학도를 선정해 로마로 국비유학을 보내주는 제도를 말한다. 하지만 풍경화에 대한 관심의 증대에도 불구하고 당시 프랑스의 풍경화는 실경 풍경화와는 거리가 멀었다. 고대 역사화의 배경 형식으로 그려지는 전통적인 '관념 풍경화'의 한계를 벗어나지 못했던 것이다. 그러다가 1824년 파리에서 존 컨스터블, 윌리엄 터너 등 자연을 눈에 보이는 대로 그린 동시대 영국 화가들의 전시회를 계기로 일부 프랑스 화가들이 실경 풍경화를 그리게 된다. 그 대표적인 화가가 바로 장 프랑수아 밀레(1814-1875)다.

밀레는 파리에서 첫 번째 아내와 사별한 후(1844) 새로 꾸린 가정을 이끌고 1849년 6월, 한적한 농촌 마을인 바르비종으로 이주하였다. 이때부터 죽는 날까지 이곳에서 농민들과 함께 생활하면서 일하는 농민의 모습을 화폭에 담기 시작했다. 밀레의 〈만종〉, 〈이삭줍기〉, 〈씨 뿌리는 사람〉 등 수많은 명작이 이 마을에서 그려졌다.

밀레의 아틀리에 앞에서

곧장 밀레의 아틀리에로 갔다. 밀레가 가족과 함께 살던 집이 기념관으로 쓰이고 있다. 4유로를 지불하고 안으로 들어갔다. 밀레의 작업실에는 〈만종〉, 〈이삭줍기〉 등 밀레의 작품을 판화로 제작하여 걸어둔 것이 눈에 띄었다. 그가 쓰던 화구와 〈목자와 소들〉, 〈마그 풍경〉 등과 같은 몇 점의 원본 작품들도 걸려 있었다. 밀레 작품뿐만 아니라 테오도르 루소와 다른 작가들의 작품도 있었다. 작가의 작업실에서 직접 보는 그림은 그것이 비록 대작이나 명작이 아니라 하더라도 뭔가 색다른 느낌을 주었다. 작가의 예술에 대한 열정이 가까이서 느껴졌기 때문일 것이다. 한국어로 된 설명서도 있었다. 얼마나 많은 한국인들이 찾아오는지 가늠해 볼 수 있었다. 고흐와 밀레의 작품을 비교해 놓은 소책자가 매우 흥미로웠다. 두 화가의 꽤 많은 작품들이 유사했다. 고흐는 밀레를 아버지처럼 여기고 따르면서 밀레의 작품들을 그대로 습작했다고 한다. 고흐가 자신만의 예술세계를 창조해 나가는 데 밀레의 영향이 얼마나 컸는지 짐작해 볼 수 있었다.

밀레의 아틀리에

밀레, 〈씨 뿌리는 사람들〉(좌), 고흐가 습작한 〈씨 뿌리는 사람들〉(우), 위키피디아

간 아저씨의 여인숙을 1987년에 시가 구입하여 개조한 바르비종 미술관

바르비종에는 바르비종파 미술관도 있다. 이 미술관은 밀레가 활동하던 당시, 가난한 화가들을 물심양면으로 지원했던 간 아저씨의 여인숙을 1987년에 시가 구입하여 개조한 것이다. 밀레도 처음 바르비종에 와서 자신의 집과 아틀리에를 구하기 전까지는 이 여인숙에 머물렀다고 한다. 그런데 아쉽게도 이 미술관은 문이 닫혀 있어 들어가 보지 못했다.

바르비종 마을을 둘러보았다. 바르비종은 참으로 아담하고 조용하며 평화로워 보였다. 마을 여기저기에서 갤러리들이 눈에 띄었다. 아직도 바르비종에서 활동하는 화가들이 많다는 것을 엿볼 수 있었다.

밀레를 떠올리게 하는 식당의 간판

거리에 즐비한 상가에서는 밀레를 떠올리게 하는 간판들이 인상적이었다. 그중에 제과점도 있었다. 마침 점심때라 '빵들의 전시관'(La galerie des pains)이라는 상호가 붙은 제과점에 들어가 샌드위치와 크루아상, 초콜릿 빵과 음료를 샀다.

테오도르 루소의 아틀리에

이어서 밀레와 함께 바르비종파를 대표하는 테오도르 루소의 아틀리에로 갔다. 이 아틀리에는 1847년부터 루소가 죽는 날까지 머물면서 작품 활동을 했던 집이자 작업실이었다. 이곳은 테오도르 아틀리에로 불리긴 하지만 루소의 그림 대부분은 파리에 있는 주요 미술관이나 박물관으로 옮겨졌기 때문에 그의 작품은 거의 찾아볼 수 없다고 한다.

루소의 아틀리에도 문이 닫혀 있었다. 아쉬움을 뒤로 한 채 아틀리에 앞에 있는 벤치에 앉아 그 주변을 둘러보고, 조금이라도 더 루소의 채취를 느껴보려 아틀리에 건축물을 쳐다보면서 점심을 먹었다. 혹시 다음에 바르비종에 또다시 올 일이 있다면 미술관 휴관 날짜를 꼭 잘 확인하고 오리라.

이제 슬슬 돌아갈 시간. 버스가 없으니 다시 택시를 타고 나가야 한다. 마을을 둘러보는데 택시가 보이지 않았다. 관광안내소에 있는 아가씨에게 아침에 탔던 택시 기사에게 전화를 해달라고 부탁했다. 택시는 한 시간 후인 2시경에 도착한다고 하였다.

안내소 아가씨가 관광 만족도를 묻는 설문조사에 응해줄 수 있느냐고 물었다. 흔쾌히 해주겠다고 했다. 설문 중에는 문제점을 묻는 항목도 있었다. 그래서 나는 바르비종을 오가는데 접근성이 좋지 않으니 개선되었으면 좋겠다고 답했다. 아가씨도 내 의견에 동의를 표했다.

그러면서 이곳은 길이 좁아 택시가 대기하기 불편한 곳이니 택시를 마을 문화센터 앞에 있는 관광안내소 앞으로 오라고 했다며 길을 알려주었다. 알려준 대로 조금 걸어가니 또 다른 관광안내소가 나왔다. 관광안내소 바로 앞에 마을 문화센터가 있어 가보았다. 마리-로르 비에벨 & 바르텔레미 토고의 '갈로펙 또는 인간의 주요 7가지 죄악'이라는 주제로 한 전시회가 열리고 있었다. 택시를 기다리는 동안 우리는 이 전시회를 구경하면서 인간의 7대 죄악에 대해 숙고해보았다. 잠시 숙연해지는 순간이었다.

택시는 약속된 시간에, 약속 장소에 도착했다. 택시 기사님을 다시 보니 반가웠다. 호기심 많고 인상 좋은 아저씨는 함께 왔던 독일인 아줌마는 어떻게 됐냐고 물었다. 구경하다 각자 헤어졌는데 아마 알아서 바르비종을 떠났을 것이라고 했다. 퐁텐블로 성으로 가자고 했다. 택시비는 25유로 정도 나왔다. 친절한 기사 아저씨는 우리에게 여행 잘 하라는 진심 어린 인사를 건네고 멀어져 갔다. 퐁텐블로 성에서는 버스로 기차역까지 갈 수 있기 때문에 택시를 다시 탈 일은 없었다.

퐁텐블로 성 입구

베르사유 궁을 가는 데에는 베르사유역이 바로 있어 접근성이 좋은 반면, 퐁텐블로 성 앞에는 기차역이 없어 방문하는 데 접근성이 떨어진다. 퐁텐블로 성 앞에는 '왜 기차역을 세우지 않았을까?'하는 의문이 들었다. 나중에 알고 보니, 그 이유는 퐁텐블로 성 근교에 사는 부자주민들이 역이 들어오면 소음공해가 심해서 생존권에 영향을 받는다고 결사반대를 했다고 한다. 그리 놀랄 일도 아니었다. 어디에나 공익보다 사익을 앞세우는 집단은 있기 마련이니까.

퐁텐블로 성의 백마의 광장과 말발굽 계단

나폴레옹 1세의 일화로 유명한 퐁텐블로 성의 말발굽 계단과 백마의 광장. 백마의 광장은 나폴레옹이 황제에서 폐위되어 엘바 섬으로 유배되기 전에 근위병들과 이별하면서 눈물을 흘렸다고 해서 이별의 광장이라 불리기도 한다. 말발굽 계단에 올라서서 백마의 광장을 내려다보니 나폴레옹이 황제 시절 이 말발굽 계단에 올라서서 자신의 병사들에게 야심차고 희망으로 가득 찬 포부를 내비치는 연설을 하던 나폴레옹의 영화 한 장면이 떠올랐다. 그 당시, 그가 전쟁에서 패하고 황제에서 폐위되어 엘바 섬으로 유배를 떠나면서 눈물을 머금고 그 계단을 내려가게 될 줄을, 백마의 광장을 지나치며 자신의 친위대에게 작별의 인사를 건네며 하염없는 눈물을 흘리게 될 줄을 어찌 상상이나 했을 것인가? 권력이 무엇인지?… 인생무상을 느끼는 대목이다.

퐁텐블로 성의 첫 얼굴인 말발굽 형태의 계단은 그 곡선이 무척 아름답다. 동화 속에 나오는 궁전처럼 예쁘다. 딸은 그 계단이 마음에 들었는지 계단 앞에서 이런저런 포즈를 취하며 열심히 사진을 찍었다.

베르사유 궁전에서와는 달리 퐁텐블로 성은 정원 관람이 무료다. 인공 호수와 숲이 어우러진 영국 정원을 둘러보고 대정원이 보이는 곳에 위치한 카페에서 커피를 마시며 잠시의 여유를 가졌다. 카페테라스 주변의 바닥이 흙인지라 바람이 부니 먼지가 흩날리며 부해졌다. 그 먼지 속에서도 식사를 하고, 차를 마시며 즐기는 이곳 사람들이 눈에 띄었다. 우리나라에서 햇볕이 쨍쨍하고 먼지가 부옇게 흩날리는 외부의 카페시설에 직원이 손님을 안내해 줬다면 반응이 어땠을까? 아마도 그들은 그런 여건을 받아들이지 못하고 에어컨이 있는 시원하고 아늑한 실내공간을 요구했을 것이다. 역시 즐기는 문화가 다르다는 것이 확연하다. 우리나라 사람들은 덥고, 먼지 날리는 밖에서보다는 에어컨 빵빵한 카페 안에 앉아서 시원하게 쉬는 것을 더 선호하니까.

잠시 휴식을 취한 후, 사냥의 여신 다이애나 상과 분수가 있는 다이애나 정원을 산책했다. 궁전 내부는 관람하지 못하고 곧장 파리를 향해 발길을 돌렸다. 내친김에 오르세 미술관까지 관람하기로 마음을 먹

인공 호수와 숲이 어우러진 영국 정원과 다이애나 상과 분수가 있는 정원

어서 시간을 아껴야 했다.

오르세 미술관에 도착하니 오후 5시 30분. 6시부터는 심야요금이 적용되어 관람료가 할인된다. 그래도 조금이라도 빛이 있을 때 인상주의 작품들을 감상하는 게 더 좋을 것 같아 할인요금 시간까지 기다리지 않고 바로 입장하였다. 성인 9유로. 딸은 이번에도 무료로 입장했다. 딸은 프랑스에서 학생들이나 청소년들에게 제공해 주는 혜택을 톡톡히 보고 있다.

오르세 미술관은 내가 처음 프랑스에 도착하던 해인 1986년 12월 1일에 개관하였다. 하지만 난 5년간의 프랑스 유학 생활 때도, 1997-1998년 박사후 과정 때도, 2000년 유럽 여행 때도, 2005년 출장 때도 그곳에 가보지 못했다. 사실, 1993년 자료수집차 파리에서 한 달간 체류할 때 마음먹고 오르세 미술관에 간 적이 있었다. 그런데 하필 그날 입장을 기다리는 줄이 너무 길어 난 그냥 돌아갈 수밖에 없었다. 그래서 언제나 제일 가보고 싶었지만 인연이 없었던 미술관이었다. 이번엔 무사히 입장했다. 너무 늦은 감이 있지만 그만큼 흥분도 되고 기대도 컸다.

오르세 미술관

오르세 미술관은 과거 오르세 기차역을 개조한 곳이다. 1900년 세계 만국박람회를 위해 건축되었던 오르세 역은 역사와 호텔로 이루어져 있었다. 1900년부터 1939년까지 오르세 역은 프랑스의 남서부를 잇는 역으로서의 기능을 잘 수행하였고, 부속 호텔은 여행객들의 사랑을 받았다. 하지만 1939년 이후부터는 점점 더 길어지는 기차의 장거리 운행을 할 수가 없어 기차 운행 서비스를 중단했다. 호텔은 계속 유지되었으나 이마저도 1973년 1월 1일 문을 닫게 되었다. 1978년 프랑스 정부는 오르세 역을 역사 기념물로 지정하고 역 건물을 미술관으로 재구성하는 프로젝트를 진행했다. 그 결과 세계인들의 사랑을 받는 지금의 미술관이 탄생하였다.

오르세 미술관 내부 전경

오르세 미술관은 고대와 중세의 작품들을 소장하고 있는 루브르 박물관과 현대 작품들을 소장하고 있는 퐁피두 센터를 잇는 가교 역할을 하는데, 특히 주요 인상주의 작품을 많이 소장하고 있는 것으로 유명하다.

1층 전시실에서는 밀레의 〈만종〉이 제일 먼저 눈에 띄었다. 오전에 만종의 배경이 되었던 바르비종을 보고 와서 그런지 작품이 더 감동적으로 다가왔다. 1층에서는 〈만종〉만 보고 바로 5층으로 올라갔다. 오르세 미술관은 뭐니 뭐니 해도 인상주의 작품이 정수인데, 이 작품들은 조금이라도 빛이 더 있을 때 봐야 그 맛을 제대로 느낄 수 있기 때문이었다.

오르세 미술관이 소장한 명작은 셀 수도 없이 많다. 마네의 〈풀밭 위의 점심 식사〉와 〈올랭피아〉, 고흐의 〈별이 빛나는 밤〉, 〈오베르 교회〉와 수많은 자화상, 르누아르의 〈갈레트 풍차의 무도회〉 등등… 이 수많은 명화들을 한 점, 한 점 자세히 보면서 음미해야 하는데 시간에 쫓겨 그러지 못했다. 빛의 속도로 보면서 지나가는 데도 그림은 끝이 없었다. 정신없이 2시간 정도 구경하고 나니 배도 고프고 다리가 후들후들 떨리기 시작했다. 바르비종에 퐁텐블로 성까지 갔다 왔으니 그도 그럴 법했다. 아무리 마음이 급해도 쉬지 않으면 도저히 안 될 것 같아 1층 카페에서 샌드위치와 커피로 요기를 하면서 휴식을 취했다.

카페 바로 옆에 흰곰 조각상이 우리를 쳐다보고 있는 듯했다. 매우 사실적이면서 귀여움이 넘치는 인상적인 작품이었다. 카페 이외에도 이 미술관은 휴식공간이 참 잘 조성되어 있었다. 그림을 감상하다 피곤하면 밖에 나가 쉬면서 파리의 전경을 조망할 수 있도록 층층마다 테라스에 휴게공간을 만들어 놓았다.

오르세 미술관 휴게 테라스에서 내려다 본 파리 전경

원기가 회복되니 다시 1층의 작품들을 감상하였다. 바르비종파 화가들 작품과 쿠르베 작품 등을 보았다. 쿠르베의 작품 〈세상의 기원〉은 리얼하고 생생한 묘사로 상당한 충격을 주었다.

미술관을 나서니 저녁 9시가 다 되었다. 방돔 광장까지 걸어갔다. 튈르리에서 지하철을 탔다. 민박집에선 이미 저녁시간이 지났다. 오르세 미술관에서 요기 한 덕분에 배가 고프진 않았지만, 그래도 저녁을 건너 뛰기에는 아쉬움이 있어 숙소로 돌아오는 길에 슈퍼에 들러 샐러드와 바게트, 요플레 등 먹거리 몇 가지를 샀다. 물론 오늘도 수고한 우리에게 시원하고 상쾌한 기분을 가져다줄 맥주도 빼놓지 않았다. 오늘 같이 육체는 피곤하지만, 정신은 충만한 날. 맥주를 한잔하지 않을 수는 없는 일이었다. 우선 하루 종일 먼지를 들이마시며 돌아다니느라 지친 몸을 각자 개운하게 씻은 다음, 셋이서 민박집 방에 마주 앉아 요기를 하면서 맥주를 들이켰다. 꿀맛이 따로 없었다. 때마침 방 안으로 시원한 바람이 불어와 하루의 피로를 말끔히 씻어주었다.

방돔 광장

퐁피두 센터

강선생님, 사모님과 함께

톨비악에서 강 선생님과 사모님을 만났다. 선생님께서 근처의 베트남 식당으로 우리를 데리고 가 쌀국수 '포'를 사주셨다. 식당은 조그마한데 꽤 많은 손님들이 있었다. 아직 날씨는 덥지만 우리는 파리지앵들이 하는 식으로 바깥 테이블에 자리를 잡았다. 얼마 전부터 쌀국수가 먹고 싶었는데 이제야 먹게 되었다. 더운 여름, 뜨거운 음식을 땀 뻘뻘 흘리며 먹는 이 맛이 고향 음식처럼 가끔 한 번씩 생각이 난다. 쌀국수의 국물 맛이 시원해서 좋았다. 선생님은 담석 수술을 받으시고 2주 뒤 바로 프랑스에 오신 터라 건강이 염려되었는데, 막상 뵙고 나니 생각보다 좋아 보이셔 다행이라 생각되었다. 사모님도 오랜만에 뵈어 무척 반가웠다. 선생님과의 만남은 짧았다. 앞으로 파리에서 다시 만나기도 힘들다. 우리가 내일 남프랑스로 떠나 파리로 돌아올 때쯤이면 선생님 내외는 한국에 계실 것이다. 파리에서 간단한 만남을 뒤로하고 서로 각자 일정을 향해 함께 버스를 탔다. 선생님 내외는 몽마르트로, 우리는 퐁피두 현대미술관으로 갔다.

퐁피두 도서관. 얼마 만에 다시 와보는지, 반갑기 그지없었다. 퐁피두 센터 앞에는 많은 사람들이 있었다. 거리는 예전이나 지금이나 변함없어 보였다. 건물의 외관은 거의 그대로인데 내부가 많이 변했다. 이탈리아인 렌조 피아노와 영국인 리처드 로저스가 설계한 이 건물은 1977년 개장할 당시, 외관 때문에 찬반 여론이 격렬하였다고 한다.

퐁피두 센터

1986년, 이 건물을 처음 보았을 때 나는 이것이 무슨 화학 공장인 줄 알았다. 밖으로 드러난 파란색과 노란색으로 색칠된 관들과 투명 튜브는 영락없는 공장 모습이었다. 유학시절, 루앙으로 떠날 때까지 나는 이곳에 있는 도서관을 자주 이용했다. 무료인데다 책들을 마음대로 골라볼 수 있어서 좋았고, 프랑스어 학습 자료도 많아 언어연수를 하는 나에겐 최적의 장소였다.

한번은 공부하고 있는데 다급한 기내방송이 나왔다. 도서관에 폭탄이 설치되어있다는 제보가 있으므로 모두 즉시 대피하라는 거였다. 1986년도 당시, 유난히 파리에서 테러가 자주 일어났다. 방송과 동시에 아내와 나는 즉시 도서관을 나왔지만 건물을 벗어나진 못하고 있었다. 사방에서 갑자기 많은 사람들이 뛰어나오는 바람에 1층 출구에 인파가 가득했고, 사람들이 밖으로 잘 빠져나가지 못하는 상황이 발생하였다. 그때 누군가가 앞으로 나와 소리쳤다. "먼저 노약자 나오세요." 모두들 차분히 노약자들에게 길을 내주었다. 노약자들이 다 나가자, 이번엔 "숙녀분 나오세요."하고 소리쳤다. 이번에도 모두들 차분히 여자들이

나가도록 길을 내주었다. 나는 말로만 듣던 서구 기사도 정신을 목격하고 있었다. 위급함 속에서도 질서정연했다. 나는 20대의 젊은 청년. 제일 늦게 나갈 게 틀림없었다. '이러다가 폭탄이라도 터지면 죽는 건가? 타국에서 창창한 나이에 죽는 건 억울한데' 하는 생각이 찰라 머릿속을 스쳐 지나갔다. 다행히 폭탄은 터지지 않았고 나는 무사했다. 절체절명의 순간에도 침착함을 잃지 않고 질서 정연하게 움직이는 프랑스인들의 행동에 감탄했고, 이 경험은 이후 내 뇌리에 깊이 각인되었다.

퐁피두 센터 주변 풍경

특별한 일이 없으면 거의 매일 아내와 함께 쿠스쿠스나 샌드위치를 싸가지고 와서 늦게까지 공부했던 정겨운 도서관. 공부하다 쉬고 싶을 때면 건물 앞 광장에서 펼쳐지는 공연을 구경하곤 했다. 그런데 그때는 마음의 여유가 없어서인지 5-6층에 있는 국립 현대 미술관에 가볼 엄두를 내지 못했다. 살아오면서 이점은 주어진 기회를 제대로 활용하지 못한 것 같아 두고두고 마음속에 아쉬움으로 남아있다. 그래서 이번에는 곧장 현대 미술관으로 올라갔다.

퐁피두 센터에서 로이 리히텐슈타인과 시몬 한타이의 특별전 광고

팝 아티스트로 유명한 로이 리히텐슈타인(1923-1997)과 20세기 추상미술의 거장 가운데 한 사람인 시몬 한타이(1922-2008)의 특별 회고전이 열리고 있었다. 먼저 특별전을 관람했다. 작품들이 연대기 순으로 배열되어 있어 로이가 팝 아트의 세계를 어떻게 탐험하였는지 알 수 있어 유익했다. 초기 만화 풍의 〈Look Mickey〉(1961),

로이 리히텐슈타인의 초기 만화 풍의 〈Look Mickey〉(1961) 작품 앞에서

로이 리히텐슈타인의 〈Landscapes with pilosopher〉(1996) 작품 앞에서

〈Oh, Jeff··· I love You··· But···〉(1964) 작품들보다도 후기의 동양 선의 영향을 받은 작품들이 내겐 훨씬 좋았다. 마치 현대화된 한 폭의 동양화를 보는 느낌이었다.

한타이는 1922년 헝가리에서 태어나 부다페스트에서 미술 공부를 하였으나 전쟁 후에 파리로 옮겨와 프랑스 국적을 취득한 작가다. 처음

한타이의 〈타불라〉 시리즈 작품 앞에서

에는 초현실주의에 매료되었으나 50년대 중반 초현실주의 운동과 단절하고 추상화 작업에 몰두하였다. 그는 60년대부터 사용한 '플리아주'(pliage)라는 기법으로 유명한데, 1973년부터 1982년까지 그린 〈타불라〉(Tabulas, 라틴어로 '테이블') 시리즈가 마음에 들었다.

특별전을 보는 데만도 많은 시간이 흘렀다. 피곤해졌다. 카페테리아에 들어가 커피와 샌드위치를 먹으며 휴식을 취했다. 미술관 관람은 많은 에너지를 필요로 하는 것 같다. 작품들을 보면서 뇌가 뭔가를 이해하려고 하기 때문에 에너지가 많이 소비되는 걸까? 원기가 회복되자마자 5-6층에 있는 상설전시장의 작품들을 관람했다. 포비즘, 큐비즘, 추상파, 초현실주의 등 20세기 미술사의 흐름을 좇아 행복한 항해를 했다. 참으로 이해하기 힘든 작품들도 있었지만 그동안 그림 보는 내공이 쌓여서인지 작품들이 마냥 난해하게만 느껴지지는 않았다. 나름의 해석도 할 수 있을 것 같았다. 그래도 소변기를 작품으로 둔갑시킨 뒤샹의 〈샘〉은 충격적이었다.

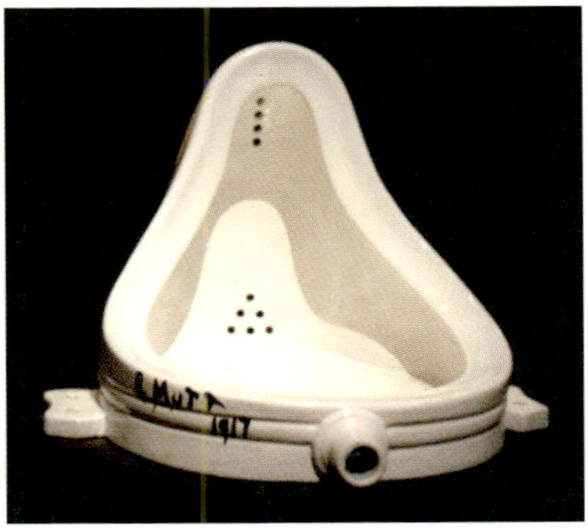

뒤샹, 〈샘〉(1917), 위키피디아

뒤샹은 미술은 우아하고 아름다운 것이고 예술가가 공들여 만든 것만이 예술이라는 고정관념을 깬 사람이다. 예술가가 어떤 사물을 선택해 작품이라고 부르면, 그것이 곧 작품이 된다는 주장을 했다. 그에게 중요한 것은 제작 과정이 아니라 작품 구상이었다. 뒤샹은 소변기를 작품으로 주장한 근거를 이렇게 설명한다.[7]

> 사람들이 소변기라는 선입견을 버리고 그것을 순수한 눈으로 감상한다면 소변기가 얼마나 세련된 형태미를 갖췄는지 느낄 수 있다. 위

7 이명옥, 2004, 〈미술에 대해 알고 싶은 모든 것들〉, 101쪽.

에서 아래로 매끄럽게 흘러내리는 곡선과 순백색의 고상한 색감은 조각품을 뺨칠 만큼 아름답다. 또 조그맣게 뚫린 구멍에서 물이 흘러내린다고 상상해보라. 역겨운 배설기라는 고정관념만 버리면 아름다움을 느끼기에 전혀 부족함이 없다.

"예술품에는 작가의 땀과 정서가 담겨 있어야 한다."라는 기존 미술의 관습을 부정하고 예술과 비예술의 경계를 허물어뜨린 뒤샹 덕분에 기성품이 지닌 아름다움을 인식할 능력만 있다면 누구나 예술가가 될 수 있는 시대가 열렸다고 해도 과언이 아니다. 뒤샹의 자전거 바퀴 한 개를 떼어내어 전시한 〈자전거 바퀴〉와 피카소의 자전거 핸들과 안장을 떼어내어 만든 〈황소 머리〉라는 작품을 보면서 나도 상상력과 창의력만 있다면 기존의 하찮은 물건들을 이용해 작품을 만들 수 있겠다는 생각이 들었다. 딸도 "나도 미술가나 될까?" 한다. 모두가 예술가가 될 수는 있지만 인정과 평가는 또 다른 문제인 것 같다.

미술관 관람을 마치고 바로 옆에 있는 니키 드 생팔과 장 텡글리가 함께 만든 조각 분수에서 잠시 휴식을 취했다. 딸은 유혹하는 거리의 음식들을 그냥 지나치지 못했다. 프랑스 정통 크레이프를 사 먹으며 매우 만족해했다.

바로 이런 게 여행의 맛이지!

니키드 드 생팔과 장 탱글 리가 함께 만든 조각 분수 앞에서

거리의 예술

레알 광장을 거쳐 루브르까지 걸어갔다. 시간이 늦어 박물관 안을 구경하긴 힘들었다. 나와 아내는 오래전에 박물관을 이미 몇 차례 보았기 때문에 미련은 없었지만 딸에게 보여주지 못해 아쉬웠다. 딸은 아직 어리니 루브르는 파리에 오기만 하면 언제든지 볼 수 있다는 생각으로 안위하며 밖에서 유리 피라미드를 배경으로 사진만 찍었다.

루브르 박물관의 유리피라미드

초콜릿 전문점 세 곳을 방문하며 직업세계 탐방

다음으로 딸의 직업세계 탐방을 위해 초콜릿 전문 가게를 찾아 나섰다. 총 세 군데를 방문했다. 의외로 파리에 초콜릿 전문 가게가 많았다. 초콜릿으로 만든 다양한 제품들을 구경하고, 시식도 하며 사진을 찍었다. 이 정도면 현장학습에 활용할 초콜릿 관련 정보는 충분해 보였다.

숙소로 돌아오는 길에 몽파르나스 역에 들렀다. 아무래도 내일 보르도로 출발할 때 낭패를 보지 않으려면 사용할 유레일패스 개표(valider)하는 곳을 미리 알아놓는 게 좋을 것 같았다. 몽파르나스 역은 서울역과 거의 비슷한 구조로 뭔가 친근함이 느껴졌다.

민박집에 오니 9시가 넘어 저녁 식사 시간이 지났다. 그래도 친절한 주인 오 부장님이 컵라면을 주셔서 맛있게 잘 먹었다. 내일 보르도로 떠날 짐을 쌌다. 남겨놓을 짐과 가져갈 짐을 구별해 가면서. 2주일이 넘는 파리의 체류가 일단락된 느낌이 들었다.

보르도

오늘은 보르도로 가는 날. 아침 8시 30분, 두 개의 큰 여행 가방을 민박집에 맡겨두고 집을 나섰다. 캐리어 하나를 끌고 각자 배낭을 멨다. 이동이 많고 대중교통수단을 이용해야 하기 때문에 최대한 짐을 가볍게 하였다. 주말 아침이라 RER와 지하철은 혼잡하지 않았다. 몽파르나스 역에서 유레일패스 사용을 위한 수속을 밟았다. 수속은 간단했다. 여권을 확인하고 패스에 스탬프만 찍으면 됐다. 이번엔 기다리는 시간도 그리 길지 않았다. 약 20분 정도. 11시 23분 보르도 행 테제베(TGV)를 타기엔 아직 시간 여유가 있어 역 카페를 찾았다. 커피에 초코 크루아상을 먹으며 책을 보면서 시간을 보냈다.

딸은 역 대합실에 있는 피아노를 연주하며 여행 기분이 한껏 더 들떠 보였다. 역에는 원하는 사람은 누구든지 자신의 연주 실력을 뽐낼 수 있는 피아노가 한 대 있었는데, 기차를 기다리면서 무료함을 달래기 위해 이따금 피아노를 연주하는 사람들이 있었다. 예상치 못한 피아노 연주가 뜻밖의 감동을 주며 여행객들의 발길을 사로잡기도 했다.

몽파르나스 역 대합실에 있는 피아노를 연주하고 있는 딸

테제베는 출발예정시간보다 10분 정도 늦게 출발했다. 정확하기로 유명한 테제베가 10분이나 늦게 출발하다니… 프랑스의 교통 체계나 서비스에 뭔가 문제가 생겼다는 생각이 들었다. 그러고 보니 이번 파리 체류 기간 동안 지하철이나 RER도 툭하면 늦고, 도중에 멈추기 일쑤였다.

11시 30분, 마침내 보르도 행 테제베가 움직였다. 우리는 1등석에 앉아 모처럼 여유롭고 편안한 여행을 했다. 창가 너머로 보이는 노란 밀밭을 보니 대학시절 원서로 공부했던 〈어린 왕자〉에서 어린 왕자와 여우가 밀밭에서 서로를 길들이기 위해 거리를 조금씩 조금씩 좁혀가며 가까이 다가가는 장면이 떠올랐다. 서로를 알아가는 데에는 시간이 필요하며, 그래서 서로를 배려하고 기다릴 줄 알아야 한다는 것을 잘 보여주는 대목이다. 요즘 급변하는 현대 사회에서 절실히 필요한 가치이기도 하다. 나도 그동안 앞만 보며 달려오다 주변 사람들을 배려하지 못하고 내 이기심으로 가득한 행동 때문에 누군가에게 상처를 주지나 않았는지 옛일을 되새겨보았다. 딸은 피곤했는지 가는 내내 기차에서 잤다.

파리에서 보르도까진 논스톱. 3시간 조금 못 걸려 목적지에 도착했다. 보르도에 내리니 남쪽 지방이라서 그런지 열기와 습도가 확 느껴졌다. 습도가 좀 덜하긴 하지만 우리나라 여름 날씨와 엇비슷하다는 생각이 들었다.

보르도 생장 역은 생각보다 좁아 보였다. 먼저 모레 갈 카르카손 행 열차시간을 알아보았다. 그리고 역 안에 있는 카페 O2에서 샌드위치와 샐러드로 점심을 먹었다. 우리가 이틀 동안 묵을 메르퀴르 호텔까진 16번 버스를 타면 되었다. 그런데 버스표 끊기가 쉽지 않았다. 역 앞 자동발매기에선 CB 지역 카드만 되고, 비자나 마스터 카드는 되지 않았다. 동전도 이용할 수 없게 되어있어 불편하기 짝이 없었다. 관광도시에서 외부인에 대한 배려가 전혀 없는 것에 짜증이 났다. 한 행인에게 물어보니, 역 안에 티켓 판매소가 있다고 알려주었다. 남편이 다시 역 안으로 들어가 티켓 판매소에서 표를 구매했다. 5장을 카르네

(묶음)로 팔았다. 총 6장을 샀다. 티켓 한 장은 1.4유로, 5장짜리 카르네는 5.9유로, 10장짜리 카르네는 10유로였다. 버스표는 장당 1.7유로, 10장짜리 카르네는 14유로인 파리보다 가격이 더 쌌다.

호텔로 가는 길은 조금 답답해 보였다. 도시의 도로가 비좁은 데다 일방통행이 많아서 그리 보인 것 같았다. 호텔 가까운 정거장에서 내렸다. 건물들로 사방이 막혀 호텔이 보이지 않았다. 방향을 잡기가 힘들었다. 마침 지나가는 아가씨가 있어 길을 물었다. 다행히 호텔을 알고 있어 위치를 친절하게 잘 설명해 준 덕분에 쉽게 호텔을 찾아갈 수 있었다. 호텔은 4성급. 생각보다 깨끗하고 좋았다. 호텔에 도착해서 짐을 내려놓고 체크인을 한 다음 간단한 차림으로 시내 투어에 나섰다.

어디로 가야하나?

먼저 내일 떠날 예정인 와인투어에 대해 알아보기 위해 시내 중심에 있는 관광안내소로 갔다. 강베타 광장을 지나 대극장으로 가는 길은 넓고 시원해 보였다. 대극장 가까이에 있는 관광안내소에는 많은 관광객들이 정보를 구하고 있었다. 직원들은 매우 친절했다.

강베타 광장

관광 안내소 앞

보르도 도심 구경

생떼밀리옹 투어는 하루 코스로 1인당 89유로. 그런데 가이드가 영어로만 안내를 한다고 하니 신청할 수가 없었다. 늦게 예약하는 바람에 선택의 폭이 넓지 않았다. 우린 메독지방 반나절 선상투어를 신청했다. 매독지방 반나절 투어는 1인당 37유로이고 영어와 프랑스어로 안내를 한다고 했다. 갈 때는 버스로 투어를 하고, 돌아오는 길은 배를 타고 지롱드 강과 가론 강을 내려온다고 했다. 그렇잖아도 유람선을 타고 싶었는데 잘 됐다 싶었다. 벌써부터 내일 하게 될 와인투어가 기대되었다. 호텔로 돌아오는 길에 시간이 좀 여유가 있어 시내 구경을 하였다.

프랑스 남서쪽에 위치한 보르도는 인구 24만 정도의 조용하고 깨끗한 도시이며 가론 강이 도시를 관통하고 있다. 세계적인 와인 생산지로 로마 시대부터 번영을 누렸고, 18세기에는 와인 교역으로 황금시대를 구축했다. 보르도는 한때 영국령이었던 적이 있는데, 이는 1152년 엘레오노르 왕비가 훗날에 영국 왕이 되는 앙리 플랑타주네와 결혼하면서 보르도를 포함한 프랑스 남서부를 지참예물로 가져갔기 때문이다. 300년이 지나 보르도는 다시 프랑스령이 되지만, 그 사이 영국이 프랑스 와인의 큰 시장이 되어 보르도는 막대한 부를 축적할 수 있었고, 좋은 품질의 와인을 추구하는 영국인들 덕분에 보르도 포도밭은 크게 발전하였다.

보르도의 도심은 광주의 충장로처럼 직선형이다. 주말이라 그런지 거리가 사람들로 인산인해를 이루고 있었다. 나중에 알고 보니 벼룩시장이 열리고 있어서 복잡했던 모양이다. 벼룩시장은 세계 어디에서 열리건 많은 볼거리가 있어 구경하는 재미가 있다. 시내는 한여름의 땡볕과 수많은 사람들의 열기와 땅에서 올라오는 지열로 뒤덮여 무진장 더웠다. 금방이라도 소나기가 쏟아질 태세였다. 잠시 후 한두 방울씩 굵은 빗줄기가 떨어지나 싶더니 금세 멈추었다. 소나기가 한바탕 쏟아지고 나면 지열이 가라앉아 기온이 좀 더 시원해질 텐데…

호텔 근처에 있는 오샹 슈퍼에 들러 그 안에 있는 플런치(Flunch)라는 레스토랑에서 쿠스쿠스로 저녁을 먹었다. 맛은 크게 감동적이지는 않았지만 그래도 유학시절 남편과 함께 학교 식당에서 먹었던 입맛을 되살리게 하는, 오랜만에 맛보는 별미였다.

관광 안내소 안에 있는 귀여운 엽기 토끼

메독 지방 와인 투어

생 앙드레 대성당

와인투어는 오후 1시 30분에 시작한다. 아침이 여유로웠다. 그래서 어제 제대로 못한 시내 관광에 나섰다. 일요일 아침이라 그런지 어제 오후에 복잡했던 시내가 관광객 몇 명만 보일뿐 한적하고 조용하였다. 어제 보르도의 첫 인상과는 달리 오늘 다시 보니 꽤 예쁘고 괜찮아 보였다.

생 앙드레 대성당으로 갔다. 11세기에 세워지기 시작한 아주 오래된 성당이다. 북쪽 왕의 문에 1250년에 새겨진 〈최후의 심판〉이 유명하다. 대성당 옆에는 시청사가 있다. 또 그 근교에 보르도 미술관도 있다. 보르도 미술관이 보고 싶어 달려갔으나 아쉽게도 보수공사로 문이 닫혀 있었다. 실망이 컸다. 시청사와 성당 앞에 있는 조각들 앞에서 몇몇 사진을 찍으며 서운한 마음을 달랬다.

현재 보르도에는 도시 곳곳에 아르망 페르낭데즈의 작품들이 전시되고 있다. 페르낭데즈는 현대산업사회의 각종 폐기물과 재료를 절단

보르도 도심 곳곳에 아르망 페르낭데즈의 작품이 전시 중

하고, 쌓아올리고, 잘라내는 앙상블라주 기법으로 유명한 조각가이다. 쇳조각으로 형상화한 텅 빈 인간의 모습이 가장 인상적이었다. 정보화가 발달할수록 역설적으로 비워져 가는 인간의 두뇌를 형상화한 것 같다. 현대인은 검색만 하면 정보들이 쏟아져 나오기 때문에 굳이 머릿속에 집어넣으려는 노력을 하지 않지 않은가.

시내를 관통하며 보르도 전역을 다닌다는 트램이 참 편리하고 멋있어 보였다. 우리 광주도 '지하철보다는 트램을 설치했더라면 더 유용하지 않았을까' 하는 생각이 들었다. 호텔에서 나서는 길부터 시내 구경하는 오전 내내 건물들이 햇볕을 차단시켜주는 그늘막이 되어주어 기분 좋은 아침 관광을 했다.

아침을 잘 먹어서인지 점심때가 되어서도 배가 고프진 않았지만 와인투어를 하다가 도중에 허기질 수가 있어 맥도날드에서 샐러드로 점심을 간단히 먹고, 와인투어 약속 장소인 관광안내소 앞으로 갔다. 벌써 많은 사람들이 와 있었다. 이미 차에 탄 사람들도 보였다.

우리 팀은 45명. 큰 버스가 사람들로 가득 찼다. 차는 정시에 출발했다. 가이드는 영어와 프랑스어, 두 언어를 번갈아 가며 안내해주었다. 첫 코스는 샤토 팔루매 와이너리(Château Paloumey). 샤토에 도착하니 현지 안내원이 나와 먼저 포도주 주조에 중요한 '테루아르' 개념에 대해 설명해 주었다. 테루아르는 와인산지의 위치, 토양과 기상상태, 포도품종까지 포함하는 복잡한 개념이었다. 와이너리 안에서는 오크통으로 숙성되고 있는 지하실을 둘러보고, 와인 제조 과정에 대한 설명을 들었다.

단일 품종으로 와인을 제조하는 부르고뉴 지방과는 달리 보르도에서는 두 종류 이상의 포도 품종을 블렌딩하는 것이 특징이라고 한다. 주로 카베르네 쇼비뇽과 피노 누아 품종을 섞는다고 한다. 현장에서 시음하는 시간도 주어졌는데, 2등급과 1등급 와인을 각각 시음하였다. 현장에서 판매도 하여 와인을 구입하는 사람들도 꽤 있었다.

팔루매 와이너리와 오크통으로 가득한 와이너리 지하 보관고

와인 산지에서 현장 시음

배를 타러 가는 길에 그 유명한 샤토 마르고에 들렀다. 하지만 입장은 할 수 없어 샤토와 주변 포도밭을 배경으로 사진 찍는 것으로 아쉬움을 달랬다.

샤토 마르고와 주변의 포도밭

지롱드 강 어느 조그마한 항구에서 배를 탔다. 지롱드 강의 물색은 황토색 내지는 카페오레색이었다. 강물이 오염된 것이 아니라 석회의 영향으로 물색이 그렇지 않나 하는 생각이 들었다. 지롱드 강과 가론 강을 따라 2시간 정도 유람하며 '일 마르고'(île Margot), '보르도 슈페리에르'(Bordeaux Supérieur), '크뤼 부르주아'(Cru Bourgeois) 등 3종류의 와인을 시음했다. 가이드는 배에서도 프랑스어와 영어를 번갈아 가며 보르도 와인과 시음법, 와인 등급 등에 대해 자세히 설명해 주었다.

프랑스 와인의 등급은 상당히 복잡한데 대략 다음과 같이 구분된다. 프랑스 와인은 크게 AOC, VDQC, Vin de Pays, Vin de Table 등 4등급

유람선 내에서 3종류의 와인을 시음하며 와인 등급에 대해 익히다

으로 나뉜다. 최고급 와인인 AOC는 다시 지역에 따라 등급이 세분된다. 예를 들어 우리가 여행하는 보르도에서는 보르도 지방(région) 아래에 메독, 그라브, 소테른 등과 같이 하위 지방(sous région)으로 나뉘고, 다시 메독 지역은 생-테스테프, 포이약, 리스트락, 물리, 마르고 등과 같이 마을(commune) 단위로 나뉜다. 큰 지역보다 작은 마을 단위로 갈수록 고급 와인이다.

프랑스 와인에 등급을 매긴 것은 1855년 파리 만국박람회 때다. 나폴레옹 3세가 프랑스 와인을 세계에 널리 알리기 위해 보르도의 메독 지방 와인에 등급을 매긴 게 그 시초라고 한다. 당시 거래되는 가격과 명성을 토대로 61개의 샤토를 특급 와인(그랑 크뤼)으로 선정하였다. 이를 그랑 크뤼 클라세(Grand Cru Classé)라 한다. 이 61개의 샤토는 다시 특1등급부터 5등급까지 그 등급이 매겨졌다. 당시에는 특1등급이 4개, 2등급이 15개, 3등급이 14개, 4등급이 10개, 5등급이 18개였다. 그러던 것이 1973년에 와서 당시 2등급이던 샤토 무통 로칠드가 특1등급으로 승격되어 특1등급이 5개로 늘고, 2등급이 14개로 줄었다. 100여 년이 넘는 세월의 흐름 속에서도 와인의 등급에 변화가 거의 없었다는 것을 알 수 있다. 프랑스인들의 고집을 느낄 수 있는 부분이기도 하다.

여기서 주목할 점은 원래 그랑 크뤼 클라세는 메독 지방만을 대상으로 하였으나, 예외적으로 인근 그라브 지역에서 샤토 오브리옹 와인을 특1등급으로 지정하였다고 한다. 그랑 크뤼 클라세 아래 등급은 크뤼 부르주아(Cru Bourgeois)이다. 생테밀리옹 지역에서는 그랑 크뤼, 그랑 크뤼 클라세, 프르미에 그랑 크뤼 클라세 등으로 고급 와인의 등급을 매기고 있고, 뽀므롤 지역에서는 별도의 등급을 매기지 않는다고 한다. 참으로 복잡하고 까다로운 와인 등급법이다.

와인에 대한 이런저런 설명을 들으면서 시음을 하다 보니 배는 어느새 보르도 항구에 도착하고 있었다. 가론 강에서 바라보는 보르도는 무척 아름다웠다. 짧고 간단한 와인 투어였지만, '백문이 불여일견'이라고 포도밭과 포도주가 어떻게 탄생하는지에 대해 설명을 듣고 시식까지 하고 나니 포도주에 대한 상식이 한층 올라간 듯해서 기분이 좋았다.

보르도 항구에 도착해서 우리는 와인투어를 함께한 팀들과 헤어졌다. 가이드는 우리를 출발했던 곳까지 안내해주고 떠났다.

황토색 지롱드 강 물색

보르도 항구

남편은 일전에 베르사유 궁전에서 만났던 제자, 연중 씨와 통화를 해서 7시에 강베타 광장에서 만나기로 했다.

강베타 광장의 한 레스토랑에서 나와 딸은 이태리식 만두 파스타를 시켰고, 남편은 처음 보는, 잘 알지 못하는 메뉴, 꾸론느 오 뵈프 프레(Couronne au boeuf frais)를 시켰다. 연중 씨도 남편 따라 같은 메뉴를 시켰다. 그리고 얼마 뒤, 남편과 연중 씨가 시킨 메뉴가 나왔을 때 우린 깜짝 놀랐다. 소고기가 다져진 생고기 그대로 나온 거다. 소위 보르도

식 육회라 할까? 맛을 살짝 보니 올리브가 들어가 있고, 뭔가 독특한 향이 나며 짭조름한 게 그럭저럭 먹을 만했다. 샐러드와 감자튀김이 곁들여 나오고 맥주도 한잔 곁들이니 요기로는 충분해 보였다. 모두 12.9유로가 나왔다. 파리에 비하면 착한 가격이었다.

강베타 광장의 한 레스토랑에서 제자, 연중과 함께

연중 씨는 경영학 공부를 해서 북아프리카에서 일하고 싶다고 했다. 보르도에서 내년 입학을 목표로 어학연수에 집중하고 있다고 했다. 남편은 "여유를 가지고 이곳의 문화도 즐기면서 열심히 하되, 건강을 잘 챙기며 하라"고 연중 씨에게 당부하며 제자와 헤어졌다.

"꿈을 가지고 꿈을 이루기 위해 열심히 사는 제자가 대견스럽다"고 남편은 말했다. 우리도 그 옛날 꿈을 가지고, 꿈을 먹고 살았던 시절이 있었다. 86년 프랑스에 처음 도착해서 문 선생님을 만났을 때, 우리 부부를 중국식당에 데려가 식사를 사주셨던 선생님도 남편과 같은 그런 기분이 드셨을까?…

보르도는 대체적으로 물가가 싸고 사람들도 친절해서 살기 좋은 도시 같다. 처음엔 길이 좁아 다소 답답한 느낌이 들었는데, 도시 가운데로 강이 흐르고 광장과 쇼핑가도 잘 조성되어 있어 점점 정이 들어갔다. 나중에 기회가 된다면 천천히 보르도와 그 일대를 다시 돌아보고 싶다. 그땐 꼭 생테밀리옹에도 가보리라.

카르카손

호텔에서 오렌지주스, 커피, 버터 바른 빵 등으로 아침을 먹고 체크아웃을 하였다. 아침 메뉴는 여느 다른 관광호텔이나 마찬가지로 매우 간소했다. 그런데 오늘 아침 메뉴에 좀 색다른 음식이 보였다. 카눌레(cannelés)라는 것인데 모양과 크기기는 좀 다르지만, 모양새는 얼핏 보면 우리나라의 약과처럼 생겼다. 베이커리를 경영하고 있는 나는 여행 다니면서 새로운 빵이나 먹어보지 못한 디저트 종류가 보이면 그것들에 호기심이 발동하여 그냥 지나치질 못한다. 이번에도 마찬가지. 맛이 궁금해서 약과처럼 생긴 카눌레를 먹어보았다. 여기 호텔에서 나온 카눌레는 우리네 단팥 없는 찹쌀도넛과 거의 비슷한 맛이었다. 겉은 바삭바삭하고, 속은 쫄깃쫄깃하며 찰졌다. 평소 내가 먹어본 카눌레의 맛과 어딘가 좀 색달랐다.

원래 카눌레는 보르도에서 처음 만들어진 지역 음식이다. 지금은 프랑스 대표 디저트로 유명하며, 그 종류와 모양도 무척 다양하다. 오늘날 세계 웬만한 디저트 카페에 가면 카눌레는 쉽게 접할 수 있다. 그런데 오늘 우리가 호텔에서 먹어본 카눌레는 다른 지역에서는 먹어보기 힘든, 보르도에서만 먹어볼 수 있는 특별한 맛이었다. 어제 보르도식 생고기에 이어 보르도만의 색다른 맛의 카눌레. 여행을 하면서 그 지역에서만 먹을 수 있는 음식을 먹어보는 것도 여행의 참 즐거움이라 할 수 있을 것이다.

보르도 생폴 역으로 가기 위해 호텔 앞에서 16번 버스를 탔다. 버스 안에서 한 할아버지를 만났다. 할아버지는 전직 철도 기관사라고 자신을 소개하였다. 프랑스에서는 기관사로 퇴직하면 기차를 무료로 이용할 수 있다고 한다. 그래서 할아버지는 손자와 여행을 자주 한다고 하였다. 우리가 어느 나라에서 왔는지, 프랑스에 온 지는 얼마나 됐는지,

앞으로 어디를 여행할 것인지 등등을 물으셨다. 그러면서 남편이 프랑스어를 참 잘 한다면서 어디에서 배웠는지 궁금해 하셨다. 남편은 학교에서 배웠다고만 답하고 불문과 교수라는 말은 하지 않았다. 매우 호기심 많고, 쾌활하시고, 사교적인 할아버지와의 대화에서 잠시 정신은 없었지만 즐거웠다.

오늘의 첫 행선지는 카르카손. 9시 31분 툴루즈와 카르카손을 경유하는 마르세유 행 기차를 탔다. 보르도에서 카르카손까진 3시간 정도 걸린다. 기차에서 휴식을 취하며 생각을 정리하기에 참 좋은 시간이다. 기차에서 보이는 남프랑스의 전원 풍경이 아름다웠다. 어느 시점까지는 포도밭이 끝도 없이 펼쳐지다 점차 해바라기 밭, 밀밭, 옥수수밭으로 바뀌었다. 카르카손에 거의 도착할 즈음해서는 다시 포도밭이 펼쳐졌다. 12시 30분. 우리는 마침내 카르카손 역에 도착했다.

카르카손 역

카르카손은 인구 4만 5천 정도의 소도시이지만 유럽 최대 규모의 중세 성이 있어 많은 관광객들이 찾는 곳이다. '카르카손을 못 보고는 죽지도 말라'는 말이 있을 정도로 성채의 위용은 대단하고, 또 보는 이들을 압도한다고 알려져 있다. 지중해와 툴루즈, 이베리아반도와 유럽의 여러 국가들을 잇는 교통의 요지인 이곳에 기원전 3세기 무렵 성채가 세워졌다고 한다. 카르카손은 1082년부터 1209년까지 트랑카벨 가문의 통치 속에서 절정기를 맞이한다. 카르카손이 있는 오드(Aude)는 '카타르의 마을'(Pays Cathare)로 불리는데, 카타르파는 11-13세기, 주로 랑그독 지방에 신자를 많이 둔 그리스도교 이단의 한 종파다. 알비를 중심으로 활동해서 '알비주아파'로 불리기도 한다. 카타르파는 물질을 악으로 간주하고 금욕과 채식, 비폭력을 철저히 지켰고 복음서를 지방언어로 알기 쉽게 해설해 민중들의 마음을 사로잡았다. 카타르파의 인기에 위협을 느낀 가톨릭은 1209년 십자군을 파병해 이단 박멸을 시도하였고, 카타르파를 용인한 트랑카벨 가문도 십자군에 패해 성을 빼앗겼다. 이후 요새는 프랑스 국왕의 소유가 되었다. 17세기부터는 요새로서의 의미를 잃고 쇠퇴하다 19세기에는 폐허가 되었으나 그 역사적 가치가 인정되어 현재의 모습으로 복원되었다고 한다.

역에는 짐을 맡아주는 곳이 없었다. 관광객이 많을 것으로 예상한 역치고는 그 규모가 너무 작았다. 시골 동네 역 수준이랄까. 수많은 관광객이 왔다 갔다 할 텐데 관광객들의 짐을 맡아줄 시설을 해놓지 않았다는 게 믿기지 않았다. 역 앞에는 손님을 기다리며 대기하고 있는 택시도 없었다. 짐을 끌고 시내로 나가는 관광객들이 보였다. 우리도 다른 방도가 없어 여행용 가방을 끌고 성채를 향해

짐을 끌고 카르카손 성채에 가다

장 조레 거리를 따라 시내를 걸었다. 강베타 광장을 지나서 얼마쯤 가자 오드 강이 눈에 띄었다. 퐁 비외(옛 다리)에 서니, 언덕 위로 거대한 성채가 눈앞에 나타났다. 다리와 어우러지는 풍경이 좋아 사진 몇 장을 찍었다.

퐁 비외(옛 다리)에서 보이는 거대한 성체

오드 강과 어우러지는 퐁 비외 다리 주변 풍경

역을 출발한 지 한 시간 정도 지나 마침내 성채 입구에 도달했다. 한낮의 뜨거운 땡볕 아래 기진맥진하며 간신히 성채 입구까지는 도달했으나, 가방을 끌고 성 안을 돌아다닌다는 것은 불가능했다. 언덕길인데다 돌이 깔린 마차 길이어서 가방을 끌고 다니다간 가방 바퀴가 견뎌날 수 없을 것 같았다. 게다가 좁은 길에 사람들이 발 디딜 틈도 없이 많았다.

드디어 성채에 도착!

성채 입구

카르카손 성 내부 모습

카르카손 성 외곽 모습

우선 요기부터 하기로 했다. 성안으로 들어가 샌드위치와 음료를 사서 성 입구 나무 그늘 아래에 있는 벤치에 앉아 먹으면서 휴식을 취했다.

딸이 가방을 지키고 있겠다면서 우리 보고 성 안을 구경하고 오라 했다. 별일 없겠지 싶어 딸에게 가방을 맡겨두고 우린 성 안으로 들어갔다. 성은 이중으로 되어 있는데 우리는 외곽 성만 구경했다. 안쪽 성곽은 입장료가 있는데다 성 밖에서 딸이 우리를 기다리고 있다는 것이 맘에 걸려서였다. 한 시간도 채 안 되는 시간동안 재빠르게 오가며 성안의 이곳저곳을 구경했다. 성 안에서 바라보는 바깥 풍경은 평화롭

성도 구경 못하고 가방을 지키고 있는 딸

성 안에서 내려다보이는 아름답고 평화로운 성 밖 풍경

고 아름다워 보였다. 성이 높은 곳에 위치해 있어 한눈에 멀리까지도 풍광이 잘 보였다. 요새의 위치로서 안성맞춤이다 싶었다. 성 안의 이런저런 모습은 마치 노르망디에 있는 몽생미셸의 그것과 흡사하다는 느낌이 들었다.

구경을 마치고 나오니 딸이 '왜 이리 늦게 나왔'냐며 불만을 쏟아냈다. 그 사이에 이상한 사람이 와서 프랑스어를 못 한다고 하는데도 계속 귀찮게 굴었는데, 짐 때문에 자리를 옮기지도 못하고 무서웠다고 했다. 큰일 날 뻔했다. 다음에는 무슨 일이 있더라도 셋이 함께 다녀야겠다고 생각했다.

역으로 내려가는 길은 성으로 올라올 때보다 훨씬 수월하였다. 내리막길인데다 가방을 끄는 요령도 생겼고, 지름길까지 알았기 때문이다.

역 앞에 있는 카페에 들려 시원한 생맥주로 갈증과 피로를 한꺼번에 날렸다. 몽펠리에로 우리를 데려다줄 기차를 타기까지는 여전히 시간이 좀 많이 남아 있어 카페에서 에스프레소와 아이스크림을 더 시켜 먹으며 여유 있게 기차를 기다렸다.

오후 5시 56분. 아비뇽 행 기차를 타고 가다 우리의 목적지인 몽펠리에 역에서 내렸다. 기차는 지방선인데도 아늑하고 깨끗했다. 몽펠리에 역은 시설이 현대식으로 비교적 규모가 꽤 커 보였다. 군데군데 보수공사 중인 역의 분위기는 조금 어수선하였다. 역에서 나오자 몽펠리에의 공기가 무척 상쾌하게 다가왔다. 시간대가 뜨거운 햇빛이 없는 저녁 무렵이기도 했지만, 무엇보다도 이곳에선 보르도에서 느꼈던 습도와 열기가 없었다.

역 앞으로 오만가지 색의 옷을 입은 트램이 지나다녔다. 이 도시는 트램이 주요 교통수단 인가보다. 트램은 각 노선마다 무늬가 다른 색을 띠고 있다. 트램의 이러한 특색은 승객이 타고 싶은 노선을 쉽게 구별할 수 있어 무척 편리할 것 같다는 생각이 들었다. 무엇보다 트램의 겉면 디자인이 너무 예뻐 첫눈에 반하고 말았다. 몽펠리에에 대한 첫인상이 참 좋았다.

오만가지 색의 옷을 입은 트램

역에서 숙소 시타딘(Citadine)까진 3정거장. 그리 멀지 않아 걸어가기로 했다. 트램 노선을 따라 20분 정도 걸으니 숙소가 나왔다.

시타딘은 콘도 체인이다. 로비에서 체크인을 하니 방에서 이용할 수 있도록 와이파이 비밀번호를 주었다. 내부는 방 하나와 거실, 음식을 해 먹을 수 있도록 조리시설이 갖춰진 조그마한 주방, 그리고 화장실이 별도로 분리되어 있어 두 용도를 동시에 사용하기에 무척 편리한 구조의 욕실로 이루어져 있었다. 거실에 침대 겸용 소파가 있어 세 사람이 잠시 머물기엔 괜찮아 보였다.

짐을 풀고 나서 숙소 주변을 살펴보고 저녁도 먹을 겸 밖으로 나갔다. 다행히 숙소 주변에는 상가와 식당가가 즐비하게 있어 며칠간 생활하는 데 문제가 없어 보였다. 한 일본 식당에서는 한국 불고기 요리가 메뉴로 올라와 있었다. 우리는 가격도 저렴하고 맛도 있어 보이는 피자집을 선택해서 피자와 샐러드로 저녁을 먹었다.

몽펠리에의 물가는 다른 도시에 비해 저렴해 브였다. 게다가 사람들까지 친절하니 몽펠리에가 살기 좋은 도시로 소문난 게 명불허전은 아니라는 생각이 들었다. 하루 종일 짐을 끌고 다니느라 다른 어느 때보다 힘들었지만, 죽기 전에 꼭 봐야 한다는 위풍당당한 카르카손 성채를 직접 볼 수 있어 매우 행복한 하루였다.

님, 아비뇽, 아를 그리고 세트

오늘은 하루 동안 가장 많은 이동을 한 날이다. 이동 경로는 :

1) 몽펠리에 → 님
2) 님 → 아비뇽
3) 아비뇽 → 아를
4) 아를 → 세트
5) 세트 → 몽펠리에

이 도시들이 모두 기차로 한 시간 이내에 위치하고 있지만 사실 하루 만에 모두 돌아보기에는 약간 무리였다. 그럼에도 내일 여유 있게 몽펠리에를 구경하고 휴식을 취하기 위해 강행군을 했다.

프랑스에서 가장 오래된 로마 도시로 알려진 님의 첫인상은 도시가 참으로 깨끗하다는 것이었다. 역은 이곳의 역사를 살린 듯 원형경기장의 느낌이 나는 건축물로 독특하게 지어졌다. 역 규모도 비교적 큰 편

원형경기장의 느낌이 나는 님 역

1세기에 지어진 고대 원형경기장 아렌(Arènes)

이다. 역을 나서니 길가 양쪽으로 가로수가 늘어선 대로가 나왔다. 그 길을 따라 걷다 보니 드골 광장이 나왔고, 광장 왼편으로 고대 원형경기장 아렌(Arènes)이 보였다. 1세기에 건설된 이 원형경기장은 2만 명이 넘는 관객을 수용했다고 한다.

깨끗해서 첫 이미지가 좋았던 만큼 애착이 가는 아담하고 소박한 도시, 님. 시간이 많지 않아 아레나의 외형만 보고 돌아섰다. 발을 내딛자마자 떠나야 하는 아쉬움을 뒤로 한 채 다음을 기약하며, 아듀~ 님!!!

님에서 아비뇽까지는 지방선 기차로 30분 정도 걸렸다. 님에서 아비뇽으로 가는 길은 유적의 도시답게 옛 성터의 흔적이 군데군데 눈에 띄었다. 님 역을 보면서 아비뇽 역도 도시의 명성만큼 뭔가 잔뜩 기대했는데, 너무 평범한 데다 규모도 님 역보다 훨씬 작아 조금 실망했다. 유명한 곳이라 너무 기대를 했던 탓일까?

아비뇽은 한창 축제 중

아비뇽은 한창 축제 중이었다. 아비뇽 축제는 7월에 3주 동안 계속되는 세계적인 문화 행사다. 1947년 연극배우이자 무대 감독인 장 빌라르가 주축이 되어 시작한 행사로, 처음에는 옛 교황청 광장에서 연극 세 편을 공연하는 작고 소박한 축제에서 출발했다. 연극이 중심이 된 아비뇽 축제는 1964년 뮤지컬과 현대 음악, 무용이 추가되었고, 이후에 미술과 사진, 영화, 비디오 아트까지 분야가 넓어지면서 스코틀랜드 에든버러 축제와 함께 세계적인 종합 문화 행사로 자리 잡게 되었다.

아비뇽은 축제가 열리는 동안 도시 전체가 흥분의 도가니 속으로 푹 빠져든다는데, 오늘 우리가 직접 그 현장에 있었다. 거리는 온통 공연장을 방불케 했다. 공연을 알리는 갖가지 형태의 광고 전단지가 붙어있고, 무대 복장을 한 배우 같은 사람들이 전단지를 나눠주기도 했다. 춤을 추는 댄서들, 노래를 부르는 가수들, 퍼포먼스를 하는 사람들, 그리고 구경하는 사람들로 아비뇽의 거리는 꽉 찬 느낌이었다.

전부터 아비뇽에 가면 아비뇽유수로 잘 알려진 역사의 현장에 제일 먼저 가보고 싶었다. 공화국 거리(rue de la République)를 따라 교황청 궁전으로 갔다. 교황청 앞에는 다양한 퍼포먼스가 펼쳐지고 있었다. 대나무 위에서 참선을 하고 있는 고승, 중세 분장을 하고 길거리 공연을 하고 있는 연극인들 등등… 중세 시대의 건물들로 둘러싸인 도시에서 중세 복장 차림의 사람들이 왔다 갔다 하는 것을 보니 오히려 우리가 외계에서 온 사람 같아 보였다.

중세복장 차림의 사람들

고승의 참선 모습

유럽의 중세 시대는 교황이 큰 힘을 발휘하던 때였다. 하지만 십자군 전쟁이 실패한 뒤 교황의 힘은 점점 약해지고 왕들의 힘은 강해지기 시작했다. 강해진 힘을 이용해 1296년 프랑스 왕, 필립 4세는 그동안 세금을 내지 않던 성직자들에게 세금을 내라고 했다. 그러자 성직

아비뇽유수로 잘 알려진 역사의 현장, 아비뇽 교황청 앞에서

자들과 교황 보니파키우스 8세는 반발하여 왕에게 대항하였고, 이에 힘이 강해진 왕이 교황을 체포하여 가두는 사건이 일어났다. 이 사건의 충격으로 교황은 세상을 떠나게 되고, 그 후에 교황이 된 베네딕투스 11세도 8개월 만에 저세상 사람이 되고 만다. 그러자 프랑스에서는 새로운 교황으로 클레멘스 5세를 내세웠다. 클레멘스 5세는 왕의 압력으로 로마에 있던 교황청을 프랑스 아비뇽으로 옮겼다. 이때부터 교황들이 아비뇽에서 1377년까지 68년간 거주하게 되는데, 이것을 아비뇽 유수라고 부른다. 이 기간 동안 아비뇽은 크게 발전하였다. 종교는 물론이고 정치적으로도 매우 중요한 도시가 되었다. 비록 교황청이 프랑스 왕의 눈치를 보아야 하는 처지였지만, 수많은 성직자와 귀한 손님들이 아비뇽을 찾았으며, 당시로서는 앞선 문화를 갖고 있던 이탈리아의 예술가와 학자들도 찾게 되면서 문화적인 수준도 급격하게 높아지게 되었다.

교황청 앞 광장

아비뇽 교황청의 건축물

12.5유로를 내고 교황청에 들어갔다. 궁전은 대단히 넓지만, 성상 등이 프랑스 대혁명 때 모두 파괴되어 내부는 텅 비어 있었다. 프레스코 벽화만 일부 남아 있을 뿐이었다. 이렇게까지 내부가 파괴될 수 있을까 싶었다. 궁전 내부는 별로 볼 것이 없었지만, 교황청 꼭대기에서 내려다보이는 론 강과 아비뇽 다리, 그리고 시내 풍경은 정말 아름다웠다. 꼭대기 위에 있는 조그마한 카페에서 휴식을 취하며 바라보는 풍경은 압권이었다. 역사의 현장, 아비뇽유수의 꼭대기에 있는 카페에서 보기에도 황홀한 한 폭의 그림 같은 풍광을 바라보면서 우리는 오렌지 주스와 샌드위치를 점심으로 먹었다.

궁정을 나와 북쪽으로 나있는 언덕을 올라가니 로셰 데 돔 공원이 나왔다. 그곳에서 론 강과 생 베네제 다리가 내려다보였다. 교황청 궁전에서 볼 때보다 훨씬 가깝게 보였다.

교황청 꼭대기에서 내려다보이는 시내 풍경(위), 론 강과 아비뇽 다리(아래)

아비뇽 다리로 잘 알려진 생 베네제 다리는 1171년 베네제와 그의 제자들이 공사를 시작하여 14년이 지난 1185년에 완공한 다리이다. 당시 다리는 길이가 900m나 되고, 21개의 기둥을 사이에 두고 22개의 거대한 아치가 있었으나, 1660년 큰 홍수가 일어나 대부분의 기둥과 아치가 사라졌다고 한다. 지금은 4개의 기둥과 그 사이를 이어 주는 아치, 그리고 다리를 건설한 베네제를 기리기 위한 작은 성당만 남아 있다.

생 베네제 다리가 건설되기 전까지만 해도 평범한 작은 도시에 불과했던 아비뇽은 다리가 건설되자 이탈리아와 스페인을 잇는 상업과 교통의 중심지로서 급격한 발전을 하게 되고, 1309년 교황청이 로마에서 아비뇽으로 옮겨 온 이후부터는 상업 도시에서 종교와 정치 도시로 탈바꿈하게 된다.

프랑스 사람들이 가장 좋아하는 노래 중 하나라고 하는 '아비뇽 다리 위에서'라는 노래는 다리가 완성된 직후에 생겨난 것으로 알려져 있다. 아비뇽 시민들에게 도시의 자랑거리를 꼽으라면 웅장한 교황청이 아니라 론 강에 걸쳐 있는 부서진 생 베네제 다리와 '아비뇽 다리 위에서'라는 민요를 꼽는다고 한다. 아비뇽 다리는 다리로서의 기능은 상실했지만, 아비뇽 시민들에게는 먼 옛날의 추억과 어떤 막연한 그리움 같은 것을 상기시켜주지 않을까 싶다.

다리와 함께 유명한 이 노래는 아주 간결하다. 내용은 모두 함께 다리 위에서 동그랗게 모여 춤을 춘다는 것이다.[8]

아비뇽 다리 위에서

아비뇽 다리 위에서
사람들이 춤을 춘다네, 춤을 춘다네
아비뇽 다리 위에서
사람들이 모두 동그랗게 모여 춤을 춘다네
아름다운 여인들이 이렇게 하네
그리고 또 이렇게 하네
멋쟁이 신사들이 이렇게 하네
그리고 또 이렇게 하네
군인들이 이렇게 하네
그리고 또 이렇게 하네
음악가들이 이렇게 하네
그리고 또 이렇게 하네

8 김경량·최내경, 『샹송으로 배우는 프랑스어』, 문예림, 2006.

아비뇽 다리

아비뇽에 머무른 시간은 고작 3시간 정도. 축제를 제대로 즐기지도 못하고 축제의 현장을 떠난다는 것이 못내 아쉬웠다. 언제 다시 아비뇽에 올지, 온다 하더라도 이번과 같이 축제 기간에 맞춰서 올 수나 있을지 알 수 없는 상황이라 더더욱 아쉬움이 컸다.

아비뇽에서 아를까지는 멀지 않았다. 기차로 20분 정도 걸렸다. 관광지라는 생각이 안들 정도로 역 앞은 한산하고 조용하였다. 아를 역은 그저 평범한 시골 역이었지만 관광객들을 배려하여 계단 한쪽에 무거운 짐 가방을 손쉽게 올리고 내리며 다닐 수 있도록 시설을 해놓은 게 눈에 띄었다. 파리에서 무거운 짐을 가지고 지하철을 탈 때마다, 파리는 관광객들이 많으니 무거운 짐을 좀 더 편하게 가지고 다닐 수 있도록 배려하는 시설을 계단에 만들어주면 좋겠다는 생각을 수도 없이 했었는데, 아를에 이런 시설이 되어 있으니 별것은 아니라 할지라도 관광객을 배려한 마음이 와 닿아 아를이 더 정겹게 느껴졌다.

조용하고 한산한 아를 역

아를 역을 나서니 구름 한 점 없이 한낮의

태양이 이글거리며 우리의 머리를 불사를 태세였다. 태양의 빛이 너무 강렬해 돌아다닐 엄두가 나질 않았다. 그렇다고 여기까지 와서 안 나갈 수도 없는 일. 장거리 버스터미널을 지나 론 강가로 가서 강변을 따라 걸었다. 얼마간 걸어가니 시내 전경이 눈에 들어왔다. 아를은 무척 아름다운 도시로 보였다. 눈부실 정도로. 달리 표현할 말이 떠오르지 않았다. 도시 곳곳이 고풍스럽고 중세의 냄새가 물씬 풍겼다. 라마르틴 광장과 카발르리 문을 지나 카발르리 길을 따라 걸으니, 기원 75년 경 지어진 로마시대의 원형경기장, 아레네가 나왔다. 지금은 1, 2층만 남아 있지만 원래는 3층으로 그 규모가 훨씬 컸다고 한다. 프랑스에서 보존이 가장 잘 된 이 원형 경기장은 60여 개에 이르는 아치가 아름답기로 유명하다.

원형 경기장 바로 위에는 고대 극장이 있었다. 반원형으로 된 계단식 좌석이 무대를 내려다보고 있는데 무대에는 몇 개의 대리석 기둥만 남아 있었다. 아직도 콘서트나 오페라 등이 공연되고, 요즘에는 젊은 연인들이 사랑의 고백을 위해 이곳을 찾는다고 한다.

기원 75년 경 지어진 로마시대의 원형경기장

반원형으로 된 계단식 고대 극장

아를에 남아 있는 로마의 대표적인 유적들을 보고 고흐의 흔적을 찾아 나섰다. 아를의 또 다른 명소는 고흐의 그림인 〈밤의 카페테라스〉의 배경이 됐던 반 고흐 카페다. 고흐가 1888년 아를에 머무를 때 그린 그림으로, 노란색으로 칠해진 이 카페는 지금도 그때의 모습 그대로 손님을 맞고 있었다.

사실, 아를은 로마시대의 유적보다도 고흐의 발자취를 찾아서 더 많은 관광객들이 찾아오지 않을까 싶었다. 고흐를 떠올리지 않고 아를을 말하긴 힘들다. 물론 비제의 '아를의 여인'이란 음악도 떠오르긴 하지만.

반 고흐는 남프랑스를 사랑했다. "예술의 미래는 남프랑스에서 발견된다."라고 표현했을 만큼 그는 이 지역을 좋아했다. 고흐는 1888년 2월 20일에 아를에 도착하여 이듬해 3월 3일까지 체류했다. 파란 하늘, 유황빛 태양, 엷은 자색 산, 황토색 포도밭, 노란 해바라기 등 많은 색과 빛을 담고 있는 아를에서 고흐는 풍부한 색채와 표현력을 얻어

〈황색의 집〉, 〈해바라기〉 같은 연작 시리즈들을 비롯하여 〈밤의 카페테라스〉, 〈론 강의 별이 빛나는 밤〉 등 200백 점이 넘는 작품을 그렸다. 1888년 10월에서 12월 사이에는 친구 폴 고갱(1848-1903)과 함께 살면서 열정적으로 그림을 그리기도 했다. 그러나 고갱과의 불화로 자신의 귀를 자르며 정신발작을 일으켜 정신병원에 입원하기도 하였다. 고흐와 아를은 밀접한 연관을 맺고 있지만, 사실 아를에는 고흐의 아틀리에도, 그의 작품도 남아 있지 않다. 다만 그가 그렸던 배경 공간만 남아 있을 뿐이다.

〈밤의 카페테라스〉의 배경이 된 카페를 찾아 헤맸다. 어렵게 물어물어 찾아간 그곳. 노란 벽면과 테라스. 그림에서 보았던 그대로였다. 변한 게 하나도 없는 것처럼 보였다. 고흐를 좋아하는 일본인과 한국인 관광객들이 찾아와 카페를 배경으로 사진을 찍고 있었다. 우리도 기념사진을 찍고, 그래도 '이곳까지 와서 커피 한잔하지 않고 가면 되겠냐' 싶어 카페의 테라스에 앉았다. 우리의 순박한 결정을 후회하는 데는 얼마의 시간이 걸리지 않았다. 차 한잔하면서 고흐와 시공을 넘어서 잠시나마 함께 해보겠다는 꿈이 산산조각이 났다. 카페의 음료 값은

고흐, 〈밤의 카페테라스〉(1888), 위키피디아

〈밤의 카페테라스〉의 배경이 되었던 반 고흐 카페

터무니없이 비싸고 서비스도 엉망이었다. 종업원 또한 불친절해서 고흐를 느껴보려 했던 좋은 기분이 싹 가셨다. 카페가 고흐의 명성을 이용해 배짱 영업을 하고 있지 않나 싶었다. '카페 앞에서 다른 사람들처럼 사진만 찍고 갈걸… 그랬다면 그곳에 대한 좋은 추억만 아련하게 남았을 텐데' 하는 후회에 마음까지 씁쓸해졌다.

고흐 카페, 노란 벽면과 테라스

고흐, 〈론 강의 별이 빛나는 밤〉(1888), 위키피디아

별이 빛나는 아를의 론 강을 보지 못한 것이 다음 여정지로 옮기는 발걸음을 무겁게 했다. 남편은 '아를에 하룻밤 머물면서 주먹 크기만 한 별들이 빛나는 밤에 론 강을 걸으며 강물에 비친 별빛을 보아야 하는데' 하며 아를에 하룻밤 머물지 못함을 무척 서운해 했다. 나중에 다시 아를에 가게 된다면, 그땐 꼭 별빛이 쏟아지는 론 강의 밤 풍경을 보자고 남편과 다짐을 했다.

아를에서 좋은 인상과 좋지 않은 인상을 함께 가슴에 담은 채 세트로 향했다. 아를에서 몽펠리에를 지나쳐 세트까지 갔다. 내일 몽펠리에에서 여유 있는 시간을 갖기 위해 오늘 무리가 되더라도 세트까지 구경하기로 했다. 밤 9시가 넘도록 해가 있는, 날이 긴 여름날이라 가능한 일이었다.

운하의 도시이며 항구도시인 세트는 상징주의 시인 폴 발레리(1871-1945)가 태어나고 묻힌 곳이다. 그의 시집 〈해변의 묘지〉와 동명의 해변의 묘지가 지중해 바다가 내려다보이는 언덕에 있으나 시간이 너무 늦어 가보지는 못했다. 아름다운 바다 풍경과 해안 묘지의 독특한 분위기를 감상하기 위해 매년 많은 관광객들이 찾는다는데 아쉬웠다. 묘지의 언덕에서 푸른 바다를 내려다보며 "비둘기들 노니는 저 고요한 지붕은/ 철썩인다 소나무들 사이에서, 무덤들 사이에서."라는 구절로 시작하여 "바람이 분다!…… 살아야 겠다."라는 명상의 결론에 도달하는 '해변의 묘지' 시를 읊어볼 수 있었으면 좋았을 텐데… 폴 발레리를 느낄 수 있는 세트를 와 보았다는 자체만으로 섭섭함에 대한 위로를 삼았다.

수로를 따라 산책을 했다. 바다의 습진 바람이 피부에 와 닿았다. 운하 주변으로 요트들이 즐비하게 정박해 있고, 운하를 다니는 유람선들과 보트를 타고 즐기는 사람들이 눈에 띄었다. 도시 분위기가 노르망디에 있는 옹플뢰르와 비슷하다는 느낌이 들었다. 옹플뢰르에 있으면 누구든, 날씨가 좋으면 좋은 대로, 흐리면 흐린 대로 당장에 그림을 그리거나 글을 써야 할 것 같은 분위기를 자아내는 예술적인 영감이 살아 꿈틀거린다. 그래서 언제고 또다시 가보고 싶은 매력적인 도시다.

운하의 도시이자 항구도시인 세트 풍경

세트 생 루이 레스토랑에서

운하를 바라다보고 있는 생 루이 레스토랑에서 저녁을 먹었다. 세트 메뉴와 오늘의 요리, 홍합과 감자튀김을 주문했다. 더불어 생맥주도 한 잔. 음식은 신선하고 맛있었다. 맥주도 시원해서 식욕을 자극했다. 아를의 반 고흐 카페에서 겪었던 불친절함을 잊게 할 만큼 주인장은 매우 친절했다. 아를에서 받았던 불쾌감을 이곳에서 보상 받는 듯했다. 배들이 해안을 따라 정박해 있는 운하를 보면서 여유 있고 기분 좋게 식사를 했다. 풍경이 좋고, 우리를 불사를 듯 이글거렸던 해가 없는 시원한 그늘에 앉아있으니 하루의 피로가 싹 가시는 것 같았다.

저녁 9시가 넘어 몽펠리에에 도착했다. 호텔에 와서 씻고, TV를 보는데 우연히도 프랑스의 파티시에 최고 결승전을 하고 있었다. 딸이 관심을 갖고 있던 분야이고, 또 이번 여행도 직업 탐방을 하러 왔으니 우리 모두 주의 깊게 TV 방송을 지켜보았다. 방송을 보면서 한 분야의 최고의 승자가 되기 위해서는 길이 얼마나 멀고도 험한가를 새삼 다시 확인할 수 있었다. 딸은 이 프로를 시청하면서 무엇을 보고 느꼈을까?

오늘은 정말 긴 하루의 여정이었다. 소화해내기 벅찬 일정에 이래저래 아쉬움도 많이 남는 하루였다.

파브르 미술관

오늘은 그야말로 특별한 계획 없이 여유로운 아침을 맞았다. 10시 넘도록 늦잠을 자며 그동안 여행하면서 누적된 피로의 여독을 풀었다. 늦은 아침을 위하여 시타딘 숙소 앞 베이커리에서 크루아상과 팽 오 쇼콜라를 샀다. 숙소에 레스토랑이 있긴 하지만 아침식사가 1인당 거의 10유로로 너무 비싸 우리는 아침 식사를 포함하지 않는 걸로 예약했었다. 레스토랑에서 커피는 무료로 무제한 제공되었다. 그래서 베이커리에서 산 빵을 들고 숙소 레스토랑으로 가서 에스프레소를 내려 같이 먹었다. 무료라 그런지 커피가 유난히 맛있었다. '공짜라면 양잿물도 마신다.'라는 옛 속담이 이런 심리에서 나온 것일까?

디종 가는 표를 예매할 수 있는지 알아보러 몽펠리에 역에 나갔다. 지방 투어를 하는 중에 디종에 사는 한 제자가 꼭 보고 싶다고, 그곳에 들렀다 가라는 문자를 또 보내왔다. 역무원이 토요일 디종 행 표는 이미 예매가 다 끝났다고 했다. 예상 밖이었다. 파리에서 출발하는 것도 아니고, 엑상프로방스에서 출발하여 리옹에서 환승하는 편인데도 표가 없다니 믿기지 않았다. 또 한 가지 이해가 잘되지 않은 것은, 우리가 가지고 있는 유레일패스로는 디종 행 표가 없는데, 일반석 표는 있다는 것이다. 그러면서 일반석 표는 정상가격에서 50% 할인해 줄 수 있다고 한다. 그렇게 한다 해도 2등석 세 좌석이 90유로에 달한다. 일단 디종 가는 건 다른 도시에서 더 알아보기로 하고 토요일 엑스-파리 행 표를 알아봤다. 파리 행도 다른 좌석은 없고, 오후 5시 45분 테제베 표만 있다고 하여 부랴부랴 예매했다. 예매비로 9유로씩, 27유로를 더 지불했다. 그러고 보면 파리-보르도 예매비가 일인당 18유로로 셋이 54유로를 지불했으니 파리가 너무 비쌌다는 생각이 들었다. 지역에 따라 요금 책정이 다른가? 예매비가 어떻게 책정되었는지 알다가도 모를 일이다.

파브르 미술관

사실주의 화가 쿠르베의 〈안녕하세요 쿠르베씨〉가 소장되어 있는 파브르 미술관(Musée Fabre)을 찾아 나섰다. 코메디 광장을 지나니 샹 드 마르스 정원이 나오고, 그 정원 맞은편에 미술관이 보였다. 언뜻 보면 마르스 정원이 마치 파브르 미술관에 딸린 정원 같아 보였다. 파브르 미술관에서는 '물의 색'이라는 주제로 인상주의 화가 폴 시냑의 특별전이 열리고 있었다.

파리의 부유한 상인의 가정에서 태어나 17살 때 모네의 작품 전시회를 보고 감동을 받아 화가가 될 뜻을 세웠다는 폴 시냑. 그는 뱅(Jean-Baptiste Bing)의 화실에 등록하여 그림 수업을 받았으나, 뱅이 시냑의 회화에 큰 영향을 준 것 같지는 않다고 한다. 1883년 20세 때 아카데미 리브르 드방에 들어가 인상파의 화풍을 익힌 시냑은 1884년 앙데팡당전의 창립자 중의 한 사람이 되어 그해 5월에 열린 제1회 앙데팡당전에 출품한다. 그때 함께 출품한 쇠라와 친교를 맺고 색채의 동시대비의 이론과 기법을 연구하여 그 성과를 1886년에 열린 인상파 최후의 전람회에 그와 함께 발표하게 된다. 이때부터 두 화가는 점묘

법을 사용하기 시작하였는데, 작가 펠릭스 페네옹은 쇠라의 1886년 작품 〈그랑드 자트 섬의 일요일 오후〉를 보고 '신인상주의'라는 이름을 붙여주었다. 인상주의가 순간적인 빛의 효과를 중요시하는데 반해 신인상주의는 아주 치밀한 과학적 점묘주의를 추구한 점에서 인상주의와 구별된다. 후에 시냑의 점묘법은 큰 점을 이용한 모자이크풍의 묘사법으로 변화한다. 시냑은 1884년부터 1893년까지 매년 앙데팡당전에 출품하였고, 1902년에는 처음으로 개인전을 열었다. 유난히 바다를 좋아했던 그는 물이 있는 풍경이나 바다 풍경을 많이 그렸다.

노을이 지는 론 강과 아비뇽 다리, 그 뒤로 거대한 교황청이 보이는 1909년 작 〈아비뇽, 저녁〉이 인상적이었다. 다른 그림들도 좋았지만 바로 어제 아비뇽을 다녀와서 그런지 아비뇽에 관련된 이 그림이 더 눈에 띄었던 것 같다. 배 위에서 키를 잡고 있는 시냑을 그린 벨기에 출신의 신인상주의 화가, 테오 반 리셀베르그(1862-1926)의 〈올림피아호 키를 잡고 있는 폴 시냑〉도 관심을 끌었다.

테오 반 리셀베르그, 〈올림피아호 키를 잡고 있는 폴 시냑〉(1896)

파브르 미술관을 관람하며

특별전을 보고 상설전 회화들을 관람했다. 단연 돋보이는 그림은 파브르의 대표적 컬렉션이라 할 수 있는 쿠르베의 1854년 작 〈안녕하세요, 쿠르베씨〉다. 쿠르베의 후원자 알프레드 브뤼야스 앞에서도 당당하게 아니, 조금은 거만하게 보이는 태도를 취하고 있는 화가의 자부심 내지는 자존감이 느껴지는 그림이다. “나는 천사를 그리지 않는다. 천사를 본 적이 없기 때문이다.”라고 말할 정도로 쿠르베는 철저히 자신이 경험하고 확인한 것만을 그린 사실주의 화가이다. 그는 사회주의 자요 공화주의자이기도 했다. 파리 코뮌 때는 예술위원회 의장으로 선출되어 혁명 세력의 편에 서서 보수 기득권층과 맞섰고, 이것 때문에 코뮌이 붕괴된 뒤에는 옥살이까지 하게 되었다. 결국 그는 1873년 스위스로 망명해 그곳에서 생을 마친다. 쿠르베의 대표작으로는 〈오르낭의 매장〉(1849-1850)과 〈화가의 아틀리에〉(1854-1855) 등이 있는데 이 두 작품은 오르세 미술관에 있다.

쿠르베, 〈안녕하세요, 쿠르베씨〉(1854), 위키피디아

신고전주의 화가 프랑수아 자비에 파브르의 컬렉션을 기반으로 1828년에 개관한 파브르 미술관의 컬렉션은 15세기부터 20세기까지 그 폭이 매우 넓다. 약 9천 평방미터의 공간에 800여 점의 작품이 전시되어 있다고 한다. 인구 25만 정도의 작은 도시에 이런 미술관이 있다는 것이 부러울 뿐이다. 작품의 수보다도 꼭 보아야 할 명화를 소장하고 있다는 것이 더 부럽다.

쉬지 않고 3시간을 내리 미술관 관람을 하고 나니 배꼽시계가 신호를 보냈다. 어찌 된 게 미술관에 한번 들어오면 그림들을 그냥 쑥 지나치기만 해도 3시간은 금방 가는지 모르겠다.

미술관을 다 돌아보고 드골 광장으로 나와 길거리 가게에서 파는 샌드위치로 점심을 간단히 때우고, 몽펠리에 시내를 정처 없이 기웃거

목적 없이 시내 배회

길거리 샌드위치 가게에서

여유로운 오후

페이루 공원에서

리며 돌아다녔다. 특별한 목적이 없어서 그런지, 점심을 먹고 배가 불러서인지 몹시 졸리고 피곤해서 숙소에 들어와 잠시 쉬었다가 다시 구시가지에 있는 페이루 공원까지 산책을 나갔다. 거리는 어느덧 한여름의 뜨거운 햇살이 사라지고 그늘이 드리워져 배회하기에 몹시 쾌적한 상태가 되었다. 참으로 오랜만에 맛보는 여유로운 시간이었다.

시내 중심지 코메디 광장에 있는 레스토랑에서 저녁을 먹었다. 이곳에서 우리는 주로 현지인들이 먹는 2시간짜리 풀코스를 시켜보았다. 전채요리로 푸아그라가 나왔다. 푸아그라를 처음으로 맛보았는데 생각보다 맛이 없었다. 마치 고동 똥을 먹는 느낌이랄까. 아쉽게도 기름지면서 부드럽고 농후한 푸아그라 본연의 깊은 맛은 제대로 느낄 수가 없었다. 빵에 잼을 바르고 푸아그라를 그 위에 올려서 먹으니 맛이 희석되어 그런대로 먹을 만했다. 그래도 프랑스의 대표적인 음식을 맛

푸아그라 전채요리, 샐러드, 스테이크, 디저트 - 2시간에 걸쳐 나오는 풀코스 요리

보았다는 데에 만족하였다. 요리 하나 내놓고 30분, 또 하나 내놓고 30분, 계산서 가져다주는데 30분. 남쪽 지방이라 그런지 사람들의 행동이 너무 느렸다. 그나마 식당 위치가 좋아 광장 앞에서 거리의 악사들이 공연하는 것을 보면서 음식이 끊기는 막간의 지루함을 달랬다. 이게 바로 후다닥 번갯불에 콩 구워 먹듯 음식을 빨리 먹는 우리네와 몇 시간이고 대화를 하면서 음식을 천천히 즐기면서 먹는 이곳 사람들과의 문화적인 차이일 것이다.

마르세유와 이프 섬

오전 9시 14분 마르세유 행 기차를 탔다. 몽펠리에에서 마르세유까지는 님과 아를을 거쳐 약 2시간 정도 걸렸다. 지방선 기차는 예정 시간보다 15분 정도 늦게 마르세유 생 샤를 역에 도착했다.

역에 내리자마자 수화물 보관소부터 찾아보았다. 보관소가 있으면 마르세유 구경에 나서고, 없으면 곧장 엑상프로방스로 갈 작정이었다. 다시는 카르카손에서와 같은 고생은 하고 싶지 않았기 때문이다. 다행히 마르세유 역에는 짐을 보관해 주는 곳이 있었다. 테러 때문인지 짐을 맡기기 위해서는 X선을 통과해야 하는 등 입출입이 까다로웠다. 그래도 짐을 맡겨 놓고 편하게 관광할 수 있어서 다행이라는 생각이 들었다. 역 안에 있는 맥도날드에서 햄버거로 점심을 간단하게 해결하고 마르세유 시내 관광에 나섰다.

마르세유 생 샤를 역

지중해를 마주하고 있는 마르세유는 프랑스에서 가장 큰 항구도시이자, 오랜 역사를 지니고 있는 도시이다. 이 도시의 역사는 기원전 600년까지 거슬러 올라간다. 포카이아인이 이곳에 항구를 열고 마사리아로 부르면서 시작되었다. 기원전 49년에 로마의 식민지가 되었고 중세에는 페스트로 인해 인구의 절반을 잃는 재앙을 당하기도 했다. 우리에게는 유명한 축구 선수, 지네딘 지단의 고향으로도 알려져 있지만, 마르세유는 최근까지도 수많은 이민자들로 도시가 슬럼화되고 범죄율이 프랑스 내 최고 수준에 이르는 등 부정적인 이미지가 강한 도시였다. 하지만 '2013년 유럽의 문화수도'[9]로 결정된 2008년 이후 도시는 하루가 다르게 바뀌어 갔다고 한다. 현재 마르세유 시가 행사를 위해 새롭게 건축한 건물이 10개, 리모델링을 한 건물이 40개에 이르고, 1년 동안 치를 문화행사도 총 300여 개에 이른다고 한다. 마르세유는 부정적인 이민자 도시에서 탈피하여 온갖 인종들이 용광로처럼 섞이는 문명의 교차로로 변신하고 있는 중이었다.

먼저 역 앞 테라스에서 시내를 조망했다. 역이 높은 곳에 위치하고 있어 시내가 한눈에 훤히 잘 내려다보였다. 남쪽 멀리 언덕에 우뚝 솟아있는 라 가르드 성당이 보이고, 성당 탑 꼭대기에 지중해를 바라보고 있는 금색 마리아 상이 지중해 특유의 푸른 하늘을 배경으로 빛나 보였다.

칸비에르 거리를 따라 구 항구(Vieux-Port)까지 걸었다. 거리는 생각보다 깨끗하게 구역이 잘 정돈되어 있고, 사람들의 표정은 활기차고 밝아 보였다. 거리에는 문화수도를 알리는 현수막들이 걸려 있었다. 이런저런 주변 풍경들이 우리가 유럽의 문화수도에 와있다는 사실을

---

9 1985년 6월 유럽연합의 문화부 장관 회의는 '유럽의 문화수도' 결의안을 채택하고 아테네를 첫 유럽의 문화수도로 지정하였다. 1년 동안 하나 또는 두 곳의 도시를 문화수도로 지정해 유럽연합 차원에서 지원하고 해당 지역의 문화적 우수성을 널리 알리고 있다. 프랑스에서는 파리(1989년), 아비뇽(2000년), 릴(2004)에 이어 마르세유(2013년)가 4번째로 유럽의 문화수도로 선정됐다.

마르세유 생 샤를 역에서 내려다보이는 시내 전경

항구도시의 면모를 풍기는 조각품

도심 곳곳에 전시되어 있는 조각품들

실감나게 해주었다. 도시 곳곳에는 조각품들이 전시되어 있고, 구 항구의 광장에는 도시의 새 명소로 탄생한 거울 천장이 관광객들의 시선을 사로잡았다.

선착장에서 이프 섬으로 가는 배를 탔다. 왕복 10.1유로. 마르세유 만에 있는 이프 섬은 뒤마의 소설 『몬테크리스토 백작』에서 주인공 당테스가 갇혀 있던 이프 성이 있는 곳으로 유명하다. 섬까지는 20분 정도 걸렸다. 섬은 돌로 빙 둘러져 있는 돌섬으로 너무 작아 사람이

이프 섬으로 가는 길

살 수 없을 것처럼 보였다. 선착장에서 내려 올라가다 보니 입장료를 받는 곳이 나왔다. 성에 들어가기 위해서는 입장료를 내야 했다. '섬에서 볼 것이라곤 성밖에 없는데, 배를 탈 때 입장료까지 받을 것이지'하는 불평이 나왔다. 하지만 투덜대보았자 소용없는 일. 이곳까지 와서 성을 보지 않고 갈 수는 없지 않은가.

성 내에 들어서니 이전에 감옥으로 사용된 건물이 있고, 그 앞에 조그마한 카페 하나가 있다. 먼저 성 내부를 둘러보았다. 이 성은 1524년 프랑스와 1세에 의해 세워졌는데 뒤마의 소설 덕분에 세계적으로 유명해졌다. 이곳에는 실제로 많은 죄수들이 수감되었다고 한다. 미라보도 젊은 시절 이곳에 갇힌 적이 있고, 루이 14세의 형제도 이곳에 갇혔었다고 한다. 감옥의 각 방 입구엔 누가 언제 갇혔고, 또 어떻게 처형되었는지 적힌 팻말이 붙어있었다. 우리는 방 하나하나 다 돌아다니며 일반인 죄수 외에 또 어떤 유명인들이 이곳에 왜 갇혀 지냈는지 살펴보았다.

아름다운 지중해의 바다가 내려다보이는 곳에 위치해있어도 감옥의

망망대해에 있는 이프 섬

감옥 체험

분위기는 어쩐지 스산하게만 느껴졌다. 바다 한가운데에 외떨어져있는 감옥에서조차도 그곳을 탈출하고자 안간힘을 썼던 죄수들의 흔적을 보면서 자유를 갈망하며 탈옥을 수없이 시도하는 인간의 끝없는 집념을 그린 영화 '빠삐용'이 떠올랐다. 새삼 자유의 소중함이 가슴속 깊이 파고들었다. '역시 감옥은 감옥이지', 자유를 박탈당한 사람들에게 자연의 아름다움이 무슨 소용이었겠는가.

감옥 순례를 마치고 섬에 있는 유일한 카페-레스토랑에서 나와 남편은 에스프레소와 마르세유 맥주를, 딸은 오렌지 주스를 마셨다. 지중해의 쪽빛 바다가 눈부시게 아름답고 공기마저 달콤했다. 맑고 청명한 하늘, 잔잔한 파도, 바닷바람까지 시원했다. 저 멀리 바다에 떠있는 듯, 마르세유가 한 폭의 그림같이 마주 보이는 환상적인 곳에서 마시는 커피와 맥주 맛은 평생 잊을 수 없을 것 같았다. 차 한 잔 마시며 여유를 즐길 수 있는 지금, 이 순간. 너무 행복해서 세상의 모든

이프 섬에 있는 유일한 카페-레스토랑에서

근심이 사라지는 듯했다. 숙박시설만 있어도 하룻밤 머물고 싶은 마음이었다.

이프 섬은 처한 상황에 따라 다른 느낌을 주는 것 같다. 분명 똑같은 장소인데 그 옛날 감옥에서 자유를 박탈당한 죄수가 망망대해를 바라보며 느꼈을 감정과 지금, 현재 휴양지에 관광하러 와서 아름다운 풍경과 따사로운 햇살이 감도는 카페에 앉아 여유를 즐기며 느끼는 감정은 천양지차일 것이다. 조용하고 한가로운 이곳이 너무 좋아서 잠시라도 더 이곳에 머물고 싶어 하는 나의 마음과 달리, 한시라도 빨리 이곳을 벗어나고자 안간힘을 썼을 죄수들의 마음을 생각하니, 지금 내가 느끼는 이 감정이 너무 호사스러운 것이 아닐까 하는 생각이 들어 그들에게 슬그머니 미안한 마음이 들었다.

아름다운 풍경과 따사로운 햇살이 감도는 이프 섬에서

섬에 머문 시간은 1시간 30분 남짓. 돌아오는 배는 프리울 섬을 하나 더 거쳤다. 많은 사람들이 그곳에서 배에 탔다. 이프 섬과는 달리 이 섬에는 해변이 있어 사람들이 해수욕을 즐길 수 있다고 한다. 이 정보를 좀 더 일찍 알았더라면 우리도 이 섬에서 시간을 보낼 수 있도록 계획을 짰었을 텐데 아쉬웠다. 마르세유에서는 이프 섬을 방문하고, 지중해의 검푸른 바다를 보며, 또한 유럽의 문화수도로 선정된 해에 현장 방문을 했다는 것만으로 만족해야 했다. 생각해 보면 아쉬운 것이 한두 가지가 아니었다. 특히 2013년 6월에 개관한 구 항구 앞바다 위에 세워진 뮤셈, 지중해 및 유럽 문명 박물관을 방문하지 못한 것도 아쉬웠다. 아쉬움이 있어야 또 오지 않을까 위로하며 마르세유를 떠났다.

마르세유에서 엑상프로방스까지는 기차로 약 30분 정도 걸렸다. 엑스 역은 작다 못해 아담했다. 역에서 호텔까진 걸어갔다. 호텔을 찾아가는 길은 생각보다 멀고 험난했다. 남편의 휴대폰에 나오는 구글 지도를 보고 걸어갔는데 찾기가 쉽지 않았다. 지름길을 알려주는 지도대로 찾아가려니 골목, 또 골목에 이어 계단 오르내리기를 수차례, 오르막길과 내리막길을 거쳐 고생고생 끝에 가까스로 호텔에 도착했다. 나중에 알고 보니, 역에서 호텔까지 가는 수월한 길이 있었다. 좀 돌아가긴 해도 큰 도로변만 쭉 따라갔다면 무거운 짐을 들고 계단을 오르락내리락하지 않아도 되었었는데… 모르는 게 죄지, 초행길은 원래 험하고 힘들지 않던가.

도로가에 위치한 호텔은 시설이 좋고 직원들도 친절했다. 수영장이 있어 딸이 제일 좋아했다. 대충 짐 정리 후 샤워를 하고 시내 구경 겸 저녁을 먹으러 나섰다. 큰 길을 따라가다 보니 호텔이 시내 중심에서 그리 멀리 있지 않다는 것을 알았다. 세잔의 고향답게 시내 중심 드골 광장에는 화구를 메고 있는 세잔 상이 있었다.

오늘은 왠지 시원한 국물이 생각났다. 일식집이 보여 들어갔다. 한국식 불고기 요리가 메뉴에 있어 시켜보았다. 닭 요리와 미소국도 함께. 식당에 들어오기 전 엄청 비싼 집 같아 보여 다소 긴장을 하고 있었는데 긴장은 금방 해소되었다. 모든 음식이 생각보다 맛있었다. 불고기는 완전 한국식이 아닌 퓨전이었지만, 의외로 맛있어 이곳 사람들에게 사랑받는 요리가 될 수 있겠다는 생각마저 들었다. 즐거운 식사였다. 60유로. 가격도 적정했다.

엑상프로방스 일식집에서 퓨전 한국 불고기 요리

식사 후 시내 구경에 나섰다. 시내 중심가에 있는 한 아이스크림 가게 앞에 사람들이 즐비하게 줄 서 있었다. 그 줄을 보니 '아이스크림으로 유명한 집인가?' 하는 군중심리에 이끌려 우리도 꼭 사 먹어야 될 것 같아서 줄을 섰다. 아이스크림을 먹으며 도심 이곳저곳을 배회하다 큰길로 나오니 미라보 거리를 따라 벼룩시장이 서있었다. 프로방스의 특산품부터 모자, 인형, 사진, 공예품 등 갖가지 물건을 팔고 있어 구경하는 재미가 쏠쏠했다. 은은한 조명 빛에 반짝이는 분수는 우리가 물의 도시, 엑스에 있음을 깨닫게 해주었다.

물의 도시답게 곳곳에 놓여있는 분수들과 은은한 조명 빛에 반짝이는 분수

엑상프로방스와 세잔

푸근한 침대에서 편안한 잠을 자고 일어났더니 아침이 상쾌했다. 호텔 레스토랑에서 여유 있게 아침을 먹고, 호텔 로비에서 엑스 지도를 하나 얻어 시내 관광에 나섰다. 오늘의 첫 코스는 세잔(1839-1906)의 아틀리에. 가는 길에 떼르므 섹스티우스가 있어 들어가 보았다. 3층의 대리석 건물은 고대 로마 섹스티우스 시대의 온천장이 있던 자리에 세워진 마사지·스파 센터였다. 건물은 파비용 드 방돔 정원과 연결되어 있는데 정원 잔디 위에 의자 두 개가 나란히 놓여 있었다. 한 의자에는 오른발을 왼발 위에 올려놓고 왼손을 턱에 괴고 생각에 잠긴 개구리가 앉아 있고, 개구리 옆 의자는 비어 있었다. 빈 의자는 관람자를 위한 것처럼 보였다. 의자에 앉아 있는 개구리상은 질 드 케르베르소

질 드 케르베르소, 〈철학자 개구리〉

(Gilles de Kerversau)가 조각한 〈철학자 개구리〉다. 철학자 개구리는 우리에게 이런 질문을 던진다. "넌 지구에서 무엇을 하였니?" 그러면서 우리 각자를 인간과 자연에 관한 미학적, 철학적 대화에 초대한다. 인상적인 작품이었다.

생 소뵈르 대성당에서 북쪽으로 600미터 정도 언덕길을 따라 땡볕을 받으며 올라가니 세잔의 아틀리에가 나왔다. 세잔이 만년에 작품에 몰두했던 곳이다. 2층의 아틀리에에는 세잔이 생활했던 모습 그대로 보존되어 있었다. 화구 가방과 외투, 테이블 위에 놓인 과일과 주전자, 모네에게 보낸 편지, 그리고 그림 그릴 때 연구용으로 쓰인 해골까지 특별한 것은 없었지만 그래도 세잔의 예술세계를 가까이서 엿보는 것 같아 행복했다.

세잔의 아틀리에

세잔의 아틀리에 옛 모습

생 빅투아르 산

아틀리에에서 15분 정도 더 언덕길을 오르니 세잔의 주요 모티브였던 생 빅투아르 산이 멀리서 보였다. 푸른 나무들 위로 정상의 하얀 석회질의 바위들이 빛났다. 해발 고도 1000미터의 '성스러운 승리의 산'. 기원전 102년 게르만족의 침략을 로마 장군 마리우스가 이 지역에서 승리한 것을 기념하여 지어진 이름이다. 엑스의 수호신 같은 이 산을 세잔은 80회 이상 그렸다고 한다. 역사가 서려있는 생 빅투아르 산에 직접 오르지 못해 아쉬웠지만 멀리서나마 바라볼 수 있는 것도 다행이라 생각하며 언덕을 내려왔다.

다시 세잔 작업실로 돌아와서 세잔이 산책하며 영감을 얻었을 작업실 주변의 숲길을 거닐어 보았다. 화가의 숨결이 느껴지는 것 같아 숲길이 참 좋았다.

세잔이 산책하며 영감을 얻었다는 숲길

세잔의 아틀리에 정원에서 '찰리와 초콜릿 공장'이라는 영화가 상영된다는 안내문이 눈에 띄었다. 나도 이 영화를 참 재미있게 본 기억이 있는데, 온 사방이 확 트인 자연에서 사람들이 모여 영화를 함께 보는 것도 무척 낭만적일 것 같다는 생각이 들었다.

'찰리와 초콜릿 공장' 영화 상영 안내문

세잔 아틀리에에서 일본 단체 관광객들과 마주쳤다. 보통 단체 관광으로는 이런 곳까지 기획하지 않는데 조금 의외였다. 일반 관광객들이 아닌 박물관이나 미술관에 관련된 사람들일까? 요즈음 일본에서는 사람들이 세계의 웬만한 유명 관광지들은 거의 다 다녀봐서 그런지, 이제는 널리 알려진 인물이나 특정 테마를 설정해 그와 관련된 미술관이나 박물관을 찾아다니는 여행을 하는 게 유행이라는 말을 들은 적이 있다. 수준 높은 여행이 아닐 수 없다. 지금까지 내가 추구한 여행 유형이기도 하다.

생 소뵈르 성당은 점심시간이라 닫혀있어 내부를 구경하지 못했다. 성당이 점심시간이라고 닫혀 있는 것은 여행하는 중 처음 있는 일이라 당황스러웠다. 사포르타 거리를 따라 구시가지를 구경하다 토네르 광장에 있는 Le coin des pâtes라는 레스토랑에서 파스타로 점심을 먹었다. 작은 광장에는 몇 개의 레스토랑이 원을 이루 듯 둘러져 있는데, 그 가운데에서 거리의 악사들이 공연을 하고 있었다. 음악을 들으면서 거리의 풍경을 구경하며 먹는 파스타는 일품이었다. 게다가 파스타를 운영하는 두 자매 사장님이 친절하기까지 하니 오늘 점심은 더더욱 만족스러웠다. 운영자 입장에서는 영업적으로 베푸는 사소한 서비스 차원일 수도 있지만, 여행자들에게는 이렇게 받은 친절이 예상치 못한 깊은 추억으로 남을 수 있다.

거리의 악사들의 공연

Le coin des pâtes 레스토랑에서

점심 식사 후에는 이 지방 태생 풍경화가인 그라네의 이름을 딴 그라네 미술관에 갔다. 마침 "미디 지방의 위대한 아틀리에 : 세잔에서 마티스까지"라는 주제로 특별전이 열리고 있었다. 그러고 보니 프랑스에선 지금 주요 미술관마다 특별전이 열리고 있는 듯했다. 우리 같은 여행객들에겐 특별전은 더할 나위 없이 좋다. 평소 접하기 어려운 작품들을 한 미술관에서 주제에 따라 여러 작가들의 작품을 동시에 감상할 수 있으니까. 파리와 몽펠리에 미술관에서도 보아오던 작가들이라 이제는 그 작가들의 특성이 어느 정도 눈에 띄었다.

특별전부터 관람을 시작했다. 모네의 1888년 작 〈앙티브〉와 피카소의 〈누워서 고양이와 놀고 있는 누드 여인〉(1964), 세잔의 〈붉은 바위〉(1895), 망겡의 〈구 항구로 나있는 창〉(1925) 등의 작품들이 인상적이었다. 상설전에서는 엥그르의 〈쥬피터와 테티스〉(1811)와 세잔의 〈목욕하는 여인들〉(1890), 피카소의 〈비둘기〉(1957) 등이 마음에 와 닿았다.

세잔은 젊은 시절 이 미술관 안에 있던 데생 학교에 다니며 작품을 모사했다고 한다. 생전에 세상 사람들로부터 좋은 평가를 받지 못했던 그는 이곳 고향 사람들에게서도 예외는 아니었다. 그라네 미술관 관장을 역임한 앙리 퐁티에는 자신이 살아있는 동안에는 세잔의 그림을 이 미술관에 결코 들여놓지 않겠다고 했고, 그의 말대로 세잔이 세상을 떠난 지 80년이 지난 1984년에야 비로소 그의 작품 8점이 이 미술관에 들어올 수 있었다고 한다.

미술관 관람을 마치고 세잔이 태어난 곳을 찾아가 보았다. 세잔은 1839년 1월 19일, 오페라 거리 28번지에서 태어났다. 출생지에는 세잔이 태어났다는 글만 아파트 입구 위에 새겨져 있을 뿐, 세잔을 상기시켜줄 만한 것은 아무것도 없었다. 뭔가 있지 않을까 기대했는데 조금은 실망스러웠다. 엑스에는 이곳 이외에도 세잔이 단골로 다녔던 카페, 레 두 가르송이 미라보 거리에 있다. 세잔이 아버지의 초상화와 다수의 풍경화를 그린, 자 드 부팡은 최근에 일반인에게 공개되었다.

세잔의 출생지

세잔이 단골로 다녔던 카페, 레 두 가르송

관광안내소에 가서 엑스 테제베 역까지 가는 버스 시간과 터미널에 대해 알아보았다. 그리고 호텔로 돌아와 휴식을 취했다. 딸은 여행 시작부터 고대했던 수영장에서 놀았다. 딸은 수영을 잘 하지 못하는데, 수영장이 한국과 달리 수심이 깊어 가운데로 들어가지 못하고 주로 가에서만 맴돌았다. 수영장, 수영장하고 노래를 불렀는데 막상 멍석을 깔아주니 수영을 못해 제대로 즐기지도 못했다. 한국에 가면 수영을 제대로 배우라고 해야겠다. 나와 아내는 딸이 9살 때 터키 여행 중 한 호텔의 수영장에서 가지고 놀던 공이 미끄러져 나가 빠져 죽을 뻔 했던 악몽이 있던 터라, 이번에도 수영장에서 어떤 일이 벌어질지 몰라 딸에게서 눈을 떼지 못하고 수영장 카페에 앉아서 딸의 움직임을 살피면서 차를 마시며 책을 읽었다. 수영장이 있는 확 트인 공간에 앉아서 시원한 바람을 맞으며 즐기는 차 한 잔의 여유. 진정한 여행지에 와 있다는 기분이 들었다.

호텔 수영장 카페에서

엑스에서 파리로

오늘은 엑스를 떠나는 날이다. 하지만 기차가 오후 늦게 있어 서두를 필요는 없었다. 9시가 다 되도록 늦잠을 자고 호텔 레스토랑으로 아침식사를 하러 갔다. 모두들 주말 아침을 여유롭게 쉬었는지 우리처럼 늦은 아침을 하는 사람들이 꽤 많았다. 10시가 다 된 시간에 아침식사를 하기 위해 호텔 식당에 사람들이 꽉 차 있는 일은 경험상 거의 이례적인 일이었다. 파리로 떠날 준비를 완료하고 11시에 체크아웃을 했다. 이곳에선 체류세가 있어 5.7유로를 추가 지불했다.

오늘은 파리에 가는 일 외에 딱히 할 일이 없었다. 그래서 기차 시간 전까지 짐을 끌고 시내 중심에 있는 엑스 관광공사에 들어가 베이스캠프를 펴기로 했다. 관광공사는 꽤 넓은 공간으로 안내 사무실뿐만 아니라 관광객들이 검색을 할 수 있는 모니터들이 있고, 이 지방 특산품을 판매하는 가게도 있었다. 남편은 더위를 피해서 에어컨이 나오는 이곳에서 책을 보고 있기로 하고, 나는 딸과 시내 쇼핑을 나가기로 했다. 이제 프랑스를 떠날 날도 얼마 남지 않아 서서히 선물을 준비해야 했다. 나와 딸은 주변 상가들을 열심히 기웃거렸지만 특별히 살만한 것이 없어 빈손으로 돌아왔다. 시간이 촉박하다고 아무거나 막 살 수는 없는 일이다. 관광공사 안에 있는 매장을 둘러보니 다행히 살만한 것들이 몇 가지 있었다. 우리는 남프랑스의 특산품인 아로마와 엑스 원산지인 올리브유를 몇 개 샀다.

관광공사 근처 마자렝 지역에 있는 크루아상트리에서 샐러드와 샌드위치로 점심을 먹었다. '크루아상트리'는 크루아상을 파는 가게라는 뜻인데 샌드위치를 비롯해 다양한 종류의 샐러드도 판매했다. 나는 한국에 돌아가면 우리 매장에 접목시키면 좋을 것 같은 몇몇 제품이 눈에 띄어 크루아상트리에서 판매하는 샌드위치와 샐러드, 그리고 그 이

엑스에 있는 한 베이커리 앞에서

외 다른 종류의 제품들을 둘러보고 그 제품들 속에 들어가 있는 내용물 등도 면밀하게 살펴보았다. 그곳에서 판매하는 진열 제품들을 보면서 우리 제품에 응용시켜 볼 아이디어가 불현듯 떠올랐다. 참새가 방앗간 앞을 그냥 지나치지 못하고, 직업은 못 속인다는 말이 있는데, 나도 그 말을 벗어나지는 못하는 것 같았다. 베이커리를 경영한 이후 어디를 가든 베이커리와 관련된 것들이 있으면 그냥 지나치지 못하고 그곳에 들려 무엇이 있는지 꼭 살펴보고, 확인하는 습관을 갖게 되었다. 오늘도 몸에 배어 있는 그 습관 덕분에 몇 가지 아이디어를 얻었다.

시간 여유가 있어 천천히 걸어서 버스터미널까지 갔다. 버스터미널은 그리 멀지 않은 곳에 있었다. 터미널엔 건물은 없고 도로에 행선지를 알리는 플랫폼 푯말만 세워져 있었다. 표는 차에 오르면서 기사에게 산다고 했다. 여행객들은 행선지에 따라 푯말 앞에서 기다리면 되었다. 우리는 11번 플랫폼에서 오후 2시 15분 차를 타고 엑스 테제베 역까지 갔다. 엑스에는 역이 두 개 있는데 시내 중심에는 일반 기차역이 있고, 테제베가 출발하는 역은 버스로 20분 거리의 외곽에 있다.

테제베 역은 기차를 기다리는 사람들로 붐볐다. 소문에 의하면 '엑스 테제베 역에 가면 역 외엔 아무런 부대시설이 없으니 기차 시간에 맞춰 가는 게 좋다'고 했다. 그래서 최대한 엑스 관광공사에서 시간을 보내고 왔는데… 정말 그랬다. 역에는 카페나 레스토랑 같은 부대시설이 아무것도 없었다. 놀라웠다. 역에 당연히 있어야 할 기본적인 부대시설이 없다니. 역 밖에 샌드위치와 빵 등을 파는 간이 행상이 하나 있을 뿐이었다. 프랑스 정부에 불만이 터져 나왔다. 수많은 관광객들이 오가는 역에 여행자들이 기차를 기다리면서 쉴 수 있는 공간과 무료하지 않게 보낼 수 있는 부대시설 정도는 만들어줘야 하지 않는가. 그야말로 황무지였다. 사람이 많아 북적거리지만 대합실이 너무 좁아 앉을 수 있는 의자나 쉴 수 있는 공간이 거의 없었다. 땀을 뻘뻘 흘리며 기차 시간 때까지 더운 대합실에 서서 몇 시간을 기다려야 했다. 다행히도 이 와중에 우리는 대합실 한쪽에 앉을 수 있는 의자를 차지하는 행운을 가졌다.

엑스 테제베 역에서

표 판매하는 곳에 가서 디종 열차를 알아봤다. 내일도 모레도 표가 없다고 했다. 디종은 아무래도 어려울 것 같아 루앙 표를 알아봤다. 다행히 루앙은 표가 있어 왕복표를 예매했다. 예약비 4.5유로. 다른 지역에 비해 참 저렴했다. '유레일패스가 있으니 이 정도가 정상이지 않나?'하는 생각이 들었다.

많은 테제베가 무더위 탓에 무더기로 연착했다. 심지어 한 시간 이상 늦는 기차도 있었다. 영문을 모르는 사람들은 수시로 출발 안내판만 쳐다보았다. 프랑스어 방송이 나오지만 남편과 나도 혹시나 하는 마음에 안내판을 수시로 쳐다보았다. 우리 기차는 출발 예정 시간보다 50분 정도 늦은 오후 6시 18분경 마르세유로부터 도착하였다. 그 정도 늦은 게 그나마 다행스러웠다.

엑스를 떠났다. 왼쪽으로 마시프 상트랄이 뻗어 있고 포도밭과 수확이 끝난 밀밭, 옥수수밭이 펼쳐졌다. 이따금 론 강이 나타났다 사라졌다하기를 반복하였다. 아름다운 프랑스 남부의 전원 풍경이다.

아름다운 프랑스 남부의 전원 풍경

파리로 오는 중간에 기차가 멈추어 하행선이 먼저 지나가기를 기다리기도 했다. 선로 근처에서 화재가 나 왕복 선로 중 한 선로 밖에 사용할 수 없는 구간이 생겨 일어난 일이었다. 프랑스에서 믿기지 않는 일들이 계속 일어났다. 얼마 전 스페인에서 기차 대형 참사가 있어 안전에 더 신경 쓰지 않나 하는 생각도 들었다.

오늘 거의 1,000km를 넘는 거리를 이동했다. 테제베 시속이 300km가 넘는 터라 엑스에서 파리까진 3시간 정도 걸리는데 기차가 연착한데다 중도에 멈춰있기도 해서 파리에는 10시 정도에 도착했다. 민박집에 도착하니 11시였다. 너무 늦은 시간이라 민박집 사장님이 밥 대신 컵라면을 주셨다. 꿀맛이었다. 민박집이 그동안 익숙해진 탓인지 먼 여행을 하고 마치 집에 돌아온 기분이었다. 시원한 바람이 불었다. 뭔가 편안함이 느껴졌다.

엑스에서 아름다운 추억을 마음에 담으며

루앙과 몽마르트

루앙에 다녀왔다. 생 나자르 역에서 기차를 탔다. 너무나 익숙한 역이다. 1987년 여름, 파리에서 루앙으로 이사 와 살면서부터 1991년 귀국할 때까지 얼마나 많이 이 역을 이용했던가. 기차는 일요일 오전의 완행열차, 거의 모든 역에서 멈추었다. 베르농 역에서 특히 많은 사람들이 내렸다. 아마도 모네의 아틀리에가 있는 지베르니에 구경 가는 사람들일 것이라 생각했다. 우리도 루앙 살 때 외부에서 손님이 오면 그들에게 지베르니는 빠트리지 않고 보여주던 곳이었다. 파리에서 루앙으로 가는 길엔 오른쪽으로 센 강이 흐른다. 루앙이 센 강 하구에 자리 잡고 있기 때문이다.

1시간 30분 정도 걸려 루앙에 도착했다. 마치 고향에 온 듯했다. 루앙 땅을 밟으니 왠지 엄마 품처럼 포근하고 따스하고 정겨웠다. 13년

루앙 역 앞에서

만에 다시 와보는 거라 기차로 오는 내내 루앙은 어떻게 변했을지 궁금해 마음이 설렜다.

역은 리모델링되어 있었다. 밖으로 나오니 왼쪽으로 잔 다르크가 처형되기 전에 갇혀있었던 잔 다르크 탑이 보였다. 루앙은 옛모습 그대로인 듯 하면서도 조금은 변해있었다. 역 앞에도 낡은 건물 몇 채가 허물어지고 새 건물들이 들어서 있었다. 루앙 대학을 먼저 가볼까 하다 시간이 점심시간이라 먼저 루앙 시내로 가기로 했다.

잔 다르크 탑

잔 다르크 거리를 따라 쭉 내려가다 루앙 대성당 쪽으로 방향을 잡았다. 시내로 들어서는 초입의 아치 문 위에 걸려있는 바늘이 하나밖에 없는 대형 시계가 우리를 반갑게 맞아주는 듯했다. 이 대형 시계는 14세기에 만들어진 것으로 루앙 대성당과 함께 루앙을 대표하는 상징물이다. 문 천장에 새겨진 조각들이 정교하고 아름답다. 중세 시대의 일상생활을 조각해 놓은 것 같다. 시계탑을 지나면 대성당 왼쪽 면이 눈에 들어오는데 공사 중이라 가림막으로 가려져 있었다. 성당 앞에는 르네상스 양식의 2층 건물이 있는데 그곳에 관광안내소가 있었다. 이 건물 2층에서 모네가 루앙 대성당 연작을 그렸다고 한다. 나도 그 건물 앞에 서서 모네가 그렸을 대성당을 상상하며 성당의 전경을 바라보았다. 성당 안에는 노르망디 상륙작전 때 포격으로 파괴된 성당의

루앙의 상징물, 시계탑

루앙 대성당은 공사 중

재건축 과정을 보여주는 전시회가 열리고 있었다. 성인들의 조각상도 함께 전시되고 있어 자세히 둘러보았다.

1944년 6월 6일, 15만이 넘는 연합군 병력이 노르망디 해안에 상륙 작전을 감행했다. 5천 척의 함정과 1만 2천 대의 비행기가 영불 해협을 뒤덮었다. 사상 최대의 노르망디 상륙 작전의 성공으로 그해 8월 25일 파리가 해방되고, 이듬해 5월 독일의 항복을 받아낼 수 있었지만 노르망디는 포격과 총격으로 많은 피해를 입었다. 11세기에 지어지고, 19세기엔 모네의 연작 시리즈의 대상이었던 루앙 대성당도 그 피해를 피해 갈 수는 없었다. 루앙에서 공부하던 80년대 말에도 복구 작업이 진행 중이었지만, 그때는 상당 부분 복구되어 있어서 피해 규모를 잘 알지 못했는데 전시회 사진을 보니 피해가 정말 컸다는 것을 알 수 있었다. 오랜 시간 동안 본래 모습 그대로 복구하려는 프랑스인들의 노력에 존경심이 우러나왔다.

루앙 대성당의 측면 모습

성당 내부 모습

구시장 광장에 있는 잔 다르크 교회로 발길을 돌렸다. 26년 전에도 있었던 맥도날드가 변함없이 그 자리에 그대로 있었다. 경제적인 형편 때문에 자주 가지는 못했지만, 공부하다 지칠 때면 이따금 그곳에 가서 특별식으로 먹었던 필레 오 피쉬(생선버거)와 사과파이는 정말 별미였다. 이처럼 이곳의 맥은 가난한 유학생에게 큰 기쁨을 선사했던 장소였다. 추억이 서린 맥도날드를 보니 반가웠다.

구시장 광장 앞에 있는 몇 백 년의 역사와 전통을 자랑하는 몇몇 레스토랑에는 여전히 많은 관광객들이 테라스에 앉아 따사로운 햇살을 받으며 식사를 하고 있었다. 이 광장은 현지인들뿐만 아니라 관광객들에게도 끊임없는 사랑을 받아오는 곳으로 루앙에서 제일 붐비는 장소 중의 하나다.

몇 백 년 역사의 전통 식당

구시장 광장

잔 다르크 조각상

루앙에서 가장 오래된 식당가들 바로 앞에 잔 다르크 교회가 있다. 1431년 5월 30일, 19세의 나이로 화형을 당한 잔 다르크를 기념하기 위해 지은 교회다. 잔 다르크는 15세기 영국과 프랑스의 백년전쟁 때 패색이 짙던 프랑스를 기적적으로 구했으나 마녀로 몰려 단죄되어 이곳 루앙에서 화형에 처해졌다. 화형터에는 잔다르크를 형상화한 조각상이 세워져 있다. 교회에 들어가 의자에 앉아 잠시 회상에 잠겼다. 그리고 햇빛을 안으로 들이면서 온갖 이야기를 들려주는 스테인드글라스를 감상했다. 채색 유리창은 예전이나 지금이나 몇 번을 다시 보아도 정말 아름답다. 교회는 현대에 지었지만, 스테인드글라스는, 지금은 존재하지 않는, 생 뱅상 교회에서 옮겨온 16세기의 것이다.

잔 다르크에 대해 간단히 딸에게 설명을 해준 후, 교회 앞에서 기념사진을 몇 장 찍고 다시 루앙 대성당으로 넘어가 성당 남쪽에 있는 레스토랑에서 풀코스로 근사한 점심을 먹었다. 유학시절 하지 못했던 한풀이라고나 할까. 식사는 저렴하면서도 맛있었다. 종업원도 친절했다.

잔 다르크 교회 스테인드글라스

교회 내부 모습

잔 다르크 교회의 독특한 외관

모든 게 완벽하게 대만족이었다. 메뉴 선택도 잘 됐고, 음식도 맛있고, 서비스도 최고였다. 레스토랑에서 커피까지 마시고 유학시절 루앙에 도착하여 처음으로 살았던 집을 찾아 나섰다.

루앙 대성당 앞 레스토랑에서

아쉴르 플로베르 가에서

아쉴르 플로베르 가에 있는 2층짜리 건물의 2층 집. 방 하나에 거실이 있고, 조그마한 부엌과 욕실까지 딸린 집이었다. 당시, 외국인들에게 건물이나 집을 임대해 주는 것을 꺼리는 사람들이 많아 부동산을 통하여 무척 어렵게 구한 집이었다. 파리에서 엘리베이터도 없고, 따뜻한 물도 나오지 않는 비좁은 샤워공간에, 화장실마저도 공동으로 써야 했던 8층 다락방에서 살다 이곳에 이사 왔을 땐, 너무 좋아 어쩔 줄 몰라 했던 기억이 났다. 집값도 파리의 1/3 정도의 수준이어서 이 집은 당시 가난한 유학생들에겐 천국이나 다름없었다. 하지만 나의 교통사고로 이 집에서 반년 정도밖에 살지 못했다. 학교 근처 대학 기숙사에 장애인을 위한 방이 나와 옮겨갔기 때문이다. 대학 기숙사로 이사 갔는데, 난방 공급이 너무나 잘 되어 처음 얼마 동안 한겨울임에도 불구하고 반팔을 입고 지내면서 좋아했던 기억이 떠올랐다. 전후 사정이야 어쨌든 간에 아쉴르 플로베르 가에 있는 집에서 계속 살았다면 우리는 무릎 냉병에 걸려 아직까지 고생하고 있을지도 모를 일이다. 가난한 두 유학생은 경제적인 형편 때문에 온도가 영하로 떨어지는 한겨울에도 전기세가 무서워 사는 내내 전기난방장치 한번을 활용하지 못하고 그저 버텨냈다. 일 년 내내 햇빛이 한 번도 들어오지 않는 북향의 집이었기에 집은 사시사철 습하고 어두컴컴했다. 게다가 일 년 중 2/3 이상은 노르망디 특유의 기후로 인해 날씨가 주로 흐리거나, 비가 오기 일쑤여서 노르망디 지역에선 적당한 난방을 하며 사는 게 거의 필수적이다. 그래야 사람의 몸도 상하지 않고 집도 관리가 되는 거니까. 하지만 거기까지 신경 쓸 여유가 없는 우리는 온기라고는 찾아볼 수 없는, 오직 냉기만이 감도는 그런 집에서도 파리 집의 열악함을 생각하면 마냥 행복했었다. 그러나 젊음만 믿고, 햇빛 한번 들어오지 않는 냉골의 음습한 집에서 난방도 하지 않은 채 용감하게 잘 버틴 덕분에, 세월이 흐른 뒤 공부를 마치고 귀국해서 10여 년 이상을 무릎에서 냉기가 숭숭 나오는 무릎냉병으로 무척 고생을 했었다. 지금도 무릎냉병 때문에 그때만큼은 아닐지라도 여전히 겨울나기 힘들 때가 있다.

우리가 살았던 집은 플로베르 박물관 뒤쪽에 있다. 가는 길에 플로베르 박물관에 들렀으나 문이 닫혀있었다. 집 주변 풍경이 많이 변해있었다. 센 강 좌안에 있던 경찰청이 우리가 살던 집 근처로 이사 와 있었고, 강을 향해 공원이 길게 조성되어 있었다. 그래도 큰 틀에서는 변한 게 없어 우리가 살았던 집을 찾는 데 별 어려움은 없었다. 집은 그곳에 그대로 있었다. 현관문

우리가 살았던 집

이방인을 지켜보고 있는 고양이

오토스톱(히치하이크) 신호

이 닫혀있어 누구라도 나오면 한 번 들어가 보고 싶어 밖에서 어슬렁거리며 시간을 보냈지만, 아무도 나오지 않았다. 고양이만 홀로 창틀에 앉아 호기심 어린 눈으로 이방인을 지켜보고 있을 뿐이었다.

역까지 걸어오는데 길들이 희미하게 옛 추억 속으로 우리를 이끌고 갔다. 불현듯 학교 가는 길에 오토스톱(히치하이크) 했던 장면들이 떠올랐다. 대학이 몽생테냥이라는 언덕에 있어 우리는 언덕길 입구에서 버스를 기다리며 승용차가 지나가면 엄지손가락을 치켜세워 오토스톱 신호를 보냈고, 이따금 차를 멈춰 우리를 태워주는 친절한 사람들도 있었다. 그때는 학생이고, 무서움을 모를 때라 가능했던 아련한 추억이다.

시내에서 시간을 너무 많이 보낸 탓에 우리가 다녔던 루앙 대학교에는 가보지 못했다. 4년을 공부했던 곳이다. 학교를 보지 못하고 발길을 돌려야 하는 상황이 너무 안타까웠다. 2000년도에 방문했던 것이 마지막이 되어버릴 건가, 아니면 한 번 더 루앙에 올 수 있는 기회가 있을 것인가… 대학이 새로 리모델링되었다고 해서 어떻게 변했는지, 어떤 모습을 하고 있는지 보고 싶었다. 루앙 미술관에 가보지 못한 것도 미련으로 남았다. 모네의 루앙 대성당 연작 중 〈흐린 날〉이 루앙 미술관에 소장되어 있는데다, 또 우리가 루앙을 방문한 오늘, 루앙 미술관에서는 인상파 특별전까지 열리고 있었으니 그 아쉬움은 배로 더 했다.

그리워했던 시간에 비하면 머문 시간은 너무 짧았다. 언제 다시 올지 알 수 없는데, 며칠 머물며 루앙뿐만 아니라 학생 시절 스트레스 받거나 힘들 때면 자주 가곤 했던 페캉에 가서 영불해협을 바라보며 시원한 생맥주도 한잔 마시고, 에트레타, 옹플레르, 도빌, 지베르니, 그리고 몽생미셸까지 남편과 함께했던 추억의 장소들을 가보았으면 좋았을 것을, 하는 아쉬움이 남았다. 차라리 루앙에 오지 않았으면 모를까 잠시 머물다 막상 떠나려고 하니 옛 추억들이 주마등처럼 떠오르며 서운한 마음뿐이었다.

루앙은 남편과 내가 유학 생활을 하면서 20대 중·후반을 보낸 데다 큰딸 현정이가 태어난 곳이어서 언제나 가슴 깊이 담겨진 아름다운 추억을 하나씩 소환시켜주는 곳이다. 이번 여행에 큰딸도 함께 했으면 좋았는데 아쉽게도 그러질 못했다. 2000년 유럽 가족여행 당시 큰딸은 초등학교 4학년이었다. 그때 우리는 큰딸에게 출생지를 보여주고 남편과 나의 추억의 장소들을 되돌아보기 위해 2박 3일 일정을 잡아 루앙에 왔었다. 큰딸을 데리고 몽생테냥에 있는 벨베데르 병원을 방문해서 병원 여기저기를 둘러보며 큰딸이 태어났을 때 병원에서 있었던 이야기를 들려주고 있던 중 어디선가 종소리가 크게 울려 퍼졌다. 나는 큰딸에게 "네가 멀리서 고향을 찾아온 것을 알고 병원에서 환영한다고 종을 쳐 주나보다."라고 말했다. 그 말을 들은 큰딸은 얼굴 가득 함박웃음을 지으며 얼마나 좋아했던지… 이번 여행에서, 특히 루앙에서 큰딸의 부재가 못내 아쉬움으로 남았다. 발걸음이 떨어지지 않는 섭섭함을 뒤로 한 채, 오후 5시 6분 기차를 타고 파리로 왔다. 내친김에 몽마르트 언덕까지 구경하고 들어가기로 했다.

몽마르트는 순교자의 언덕을 뜻하는 '몽 마르티리움'에서 유래했다. 250년 이 언덕에서 두 명의 동료와 함께 참수형을 당한 생 드니를 기념하기 위해 붙여진 이름이다. 생 드니는 몽마르트 꼭대기의 마르스 신전에서 처형될 예정이었지만, 언덕을 오르다 지쳐버린 로마 병사들이 중간 지점인 현재의 이본 르 탁 거리에서 생 드니의 목을 베어버렸다고 한다. 생 드니는 잘려나간 머리를 집어 들고 비틀거리면서 약 6킬로미터를 더 걸어갔는데 참수당한 생 드니의 머리는 그 와중에도 설교를 멈추지 않았고, 마침내 생 드니가 설교를 멈추고 쓰러진 곳에 사람들이 생 드니 대성당을 건축해 주었다고 한다.

수 세기 동안 몽마르트 지역은 시골마을이었다. 이곳에 가득했던 풍차는 파리 전역에 밀가루를 공급했다. 19세기에 그림 같은 절경과 저렴한 임대료에 이끌려 수많은 화가와 작가, 음악가들이 몰려들었고, 이들과 함께 술집, 카바레 등이 번창하기 시작하였다. 피카소를 비롯한 아폴리네르, 모딜리아니 등 일군의 예술가들이 바토-라부아르(시인이자 화가인 막스 자코브가 건물 모양이 당시 센 강에 줄지어 정박해 있던 세탁선을 닮아서 붙인 이름이라고 한다)에 기거하며 활동하던 19세기 후반과 20세기 초반이 몽마르트의 문화 예술적 전성기였다. 피카소는 이곳에서 4년 동안 기거했는데 큐비즘의 시발점이라 할 수 있는 〈아비뇽의 처녀들〉(1907)도 이곳에서 그렸다. 나는 이번 여행을 준비하면서 그림 제목에 나오는 '아비뇽'이 프랑스 남부의 도시가 아니라 스페인 바르셀로나에 있는 동네 이름이라는 것을 알게 되었다.

몽마르트 거리 풍경

아베스 지하철역

아베스 지하철역에서 내렸다. 아베스 역 입구의 옅은 초록색 구조물은 벨 에포크 시대의 산업디자이너이자 건축가인 엑토르 기마르(1867-1942)의 초기 작품이다.

드니 성인이 순교당한 이본 르 탁 거리를 지나 사크레 쾨르 성당까지 올랐다. 날씨가 선선해 오르기에 좋았다. 여느 때처럼 수많은 관광객들이 사크레 쾨르 성당 앞 계단에 앉아 파리 시내를 내려다보며 감상하고 있었다. 세 개의 하얀 돔이 빛나는 사크레 쾨르 성당을 배경으로 여느 관광객처럼 우리도 사진을 찍었다.

보불전쟁에서 패하고 파리 코뮌의 붕괴로 낙담한 시민들을 위해 건축된 비잔틴 양식의 사크레 쾨르 성당은 웅장하고 위엄 있는 모습으로 파리 시내를 내려다보고 있다. 초상화를 그리는 화가들과 관광객들로 발 디딜 틈도 없는 테르트르 광장을 지나 달리 미술관까지 갔으나 들어가지는 못했다.

사크레 쾨르 성당

시간도 늦고, 루앙 방문으로 피곤도 하여 바토-라부아까지는 가보지 못하고 아쉽지만 집으로 돌아와야 했다. 그래도 파리엔 다시 올 날이 있을 것이라고, 그땐 좀 더 여유 있게 구석구석 살펴보리라 다짐하며 서운한 발걸음을 돌렸다.

벨빌과 쇼핑

프랑스를 떠나기 전 파리 19구의 벨빌을 방문했다. 남편과 나는 1986년 10월부터 1987년 7월 루앙으로 이사 가기 전까지 이 지역의 한 다락방에 세 들어 살았었는데, 파리를 떠나려고 하니 갑자기 그 집이 보고 싶어졌다. 승강기도 없고, 화장실은 8층 사람들이 공동으로 사용했고, 한 사람 겨우 들어갈 만한 부엌 옆에 샤워기가 있었지만 이용하기 불편해서 국제 대학기숙사촌이 있는 시테까지 가서 샤워를 해야 했던 8층 다락방의 그 집이. 파리에 사는 동안 그 집은 외부의 여러 악조건에서 우리를 항상 보호해 주었다. 밖에서 볼 일을 보고 들어가 쉴 곳이 있다는 것은 낯선 타국에서 우리에게 가장 큰 위안이자 행복이었다. 당시 외국인을 바라보는 시선이 그리 따뜻하지만은 않은 시

벨빌 지하철역 입구

절, 그 집은 안식처로서 눈비를 피하게 해주었고, 휴식의 공간으로서 피로를 날려주었고, 미래를 꿈꾸게 해주는 희망의 공간이었다. 그 집에서 우리는 파리 3대학과 피압, 그리고 알리앙스 프랑세즈에 어학연수를 받으러 다녔고, 수업이 끝나면 거의 매일 퐁피두센터 도서관으로 출근을 해서 공부를 심화했다. 도서관에서 공부하다 지치면 집에서 준비해 간 간식을 먹으며 힘을 얻었던 기억들이 벨빌에 들어서니 바로 어제의 일처럼 눈앞에 생생하게 펼쳐진 듯 했다.

벨빌은 많이 변해 있었다. 당시에 벨빌은 중국인 촌이 형성되어 있긴 했지만 그래도 프랑스인이 운영하는 슈퍼랑 몇몇 다른 가게들도 있고 그랬다. 그런데 지금은 온통 중국 가게들뿐이다. 한 지역을 조금씩 조금씩 잠식을 해서 완전히 중국인 촌으로 만들어버리다니… 중국 사람들이 참 대단하고 무섭다는 생각이 들었다.

유학 시절 살았던 집 앞에서

유학 시절 살았던 집의 8층 다락방 모습

우리가 살았던 아파트를 찾아갔다. 당시의 건물들이 거의 대부분 리모델링되어 있었다. 프랑스에서 변화란 거의 보기 드문 일인데 이곳, 벨빌은 완전히 변해있었다. 집 주소가 어렴풋이 기억은 나는데 번지가 정확하게 생각나지 않았다. 그래도 우리가 살았을 때 집 앞에 있었던 중국 식당이 아직까지 그 자리에 그대로 있어서 집을 쉽게 찾을 수 있었다. 우리가 살았던 집의 건물 1층도 상가로 변해 있었다.

파리의 추억이 깃든 집을 본 순간, '우리가 살았던 8층 다락방도 리모델링되었을까? 이제는 욕실에 따뜻한 물이 나올까? 8층 사람들이 공동으로 쓰던 화장실은 개별 화장실로 개조되었을까? 지금 세 들어 사는 사람들은 그때보다 좀 더 편하고 아늑하게 살고 있을까?' 등등 별의별 생각들이 꼬리에 꼬리를 물고 머리를 스쳐 지나갔다. 건물의 내부는 어떻게 변했는지 모르겠지만 외관은 리모델링되어서 깨끗해 보였다. 우리가 살았을 적의 허름한 건물 외관이 아니어서 좀 어색하긴 했지만 27년 만에 다시 찾아온 기념으로 집 앞에서 기념사진을 찍었다.

어학연수 시절, 집 앞에 있는 중국 식당 앞을 지나칠 때면 그곳에서 풍겨 나오는 맛있는 냄새에 이끌려 손님들이 먹는 모습을 바라보다가 먹고 싶은 마음을 억누르며 두 눈을 질끈 감고 식당 앞을 지나다녔던 생각이 났다. 중국집의 맛있는 냄새는 우리의 인내심을 시험하려는 듯 다락방으로까지 솔솔 올라와 우리를 힘들게 하곤 했다. 그땐 경제적 여유가 없어 그냥 흘러들어온 냄새로 만족해야 했었다. 당시 일주일 생활비가 100프랑(한화로 약 만 원) 정도였는데, 식당에 가서 한번 먹으려면 일주일 치 생활비가 날아가기 때문에 외식은 엄두도 못 냈었다. 그래서 그 식당 앞을 지나칠 때면 항상 '언젠가는 꼭 저 식당에 들어가 제대로 한번 먹으리라' 하고 다짐하고 또 다짐했었다.

오늘이 바로 그날이 되었다. 우리가 그렇게나 염원했던 그 중국 식당에 손님으로 당당히 들어가, 그것도 약식이 아닌 풀코스로 메뉴를 시켰다. 수프와 닭고기, 돼지고기 요리, 램 등등에 디저트까지, 칭다오 맥주도 함께. 27년을 기다린 것치곤 조촐한 식사였지만 만족스러웠다. 소원성취를 한 셈이니까. 이젠 먹고 싶으면 언제라도 웬만한 식당에는 그냥 들어가 먹을 수 있을 정도는 되었다. 경제적인 것이 인생 성공을 판단하는 유일한 기준은 아니지만, 그래도 나름 성공한 인생이 아닐까? 가난한 유학생에서 남편은 교수가 되었고, 나는 괜찮은 사업가가 되었으니.

27년을 기다려 왔던 염원의 중국 식당 앞에서

파리의 신시가지, 라 데팡스

점심을 먹고 라 데팡스로 향했다. 라 데팡스는 파리의 신시가지다. 제2개선문이 우리를 반겼다. 우리 한국의 대기업, 삼성의 갤럭시 휴대폰이 라 데팡스의 중심에 있는 큰 건물에 전면으로 광고되고 있었다. 그것을 본 딸이 무척 뿌듯해하며 광고를 배경으로 사진을 찍었다. 나라를 떠나 밖으로 나오면 모든 사람이 애국자가 된다는 말이 있는데 맞는 말인 것 같다. 우리나라를 대표하는 기업의 광고가 파리의 신시가지 한가운데에 걸려있는 것을 보니 자랑스러워 나도 모르게 어깨가 으쓱거렸다.

라 데팡스에서

제2개선문

파리의 신시가지 라 데팡스 중심에서 광고되고 있는 삼성 갤럭시

라 데팡스 쇼핑센터에 있는 오샹에서 필요한 물건과 선물들을 샀다. 한국에서 출발할 때에는 이번엔 선물 같은 건 사가지 않으리라 마음먹었었는데 막상 돌아가려고 하니 이 사람 저 사람에게 서운한 마음이 들었다. 그래서 최소한으로 실생활에 필요한 화장품과 비누, 커피 등을 샀다. 선물을 고르고 나오니 짐이 두 손 가득, 무게가 장난이 아니었다. 너무 무거워 짐을 가지고 아무 일을 볼 수가 없어 일단 민박집에 짐을 놔두고 다시 파리 시내에 나오기로 했다. 민박집에 들어간 김에 시간이 맞아 저녁까지 먹었다. 배추와 민들레 쌈. 한국에서도 먹어보기 힘든 민들레로 쌈을 싸먹었다. 민박집 이모님께서 직접 집 정원에다 재배하신 거라 했다. 파리에서 맛보는 별미였다.

저녁을 먹고 다시 생 미셸 거리로 나가려는데 날씨가 변덕을 부려 천둥번개가 치고 비가 내렸다. 어떻게 해야 하나 고민을 하다가 언제 다시 이 시간이 올까 싶어 빗속을 뚫고라도 나가기로 했다. 막상 나오니 다행히 비가 멈춰 주었다.

파리 생 미셸 거리 풍경

생 미셸 거리로 나와 노트르담과 센 강 야경도 구경하고 몇몇 기념품들도 샀다. 딸이 파리 야경을 보고 싶다고 해서 에펠탑 야경을 보여주기 위해 트로카데로로 갔다. 에펠탑 근처에 도착하고 얼마 지나지 않아 에펠탑에 조명이 들어오기 시작했다. 마침 시간이 잘 맞았다. 에펠탑의 야경은 언제 보아도 멋있고 환상적이다. 다시 한 번 에펠탑의

해질 무렵 에펠탑 앞에서

에펠탑 야경을 배경으로

야경을 보고 떠날 수 있어서 정말 다행이다 싶었다. 비가 금방이라도 쏟아질 듯한 날씨임에도 불구하고 여전히 많은 관광객들은 아랑곳하지 않고 에펠탑의 야경에 취해있었다. 아쉬운 시간이 빠르게 흘렀다. 작품이 될 만한 것이 나오길 기대하며 에펠탑 야경을 사진에 담았다. 다시 빗방울이 떨어지기 시작했다. 야경을 다 보고, 사진도 다 찍은 뒤라 천만다행이었다. 오늘은 참 운이 좋은 날이었다. 지하철을 탈 때마다 노선이 척척 맞아주었고, 지하철에서 나가면 비가 오다가도 멈추고, 지하철을 타러 들어오면 비가 다시 내리고… 이렇듯 아쉬움을 뒤로하며 내일이면 떠나야 하는 우리에게 프랑스 날씨는 호의적이었다.

저녁 늦게 민박집에 도착했다. 파리에서의 마지막 밤을 기념하기 위해 맥주도 몇 병 사 왔다. 마침 민박집에 머물고 있는 사람들이 정원 의자에 앉아 담소를 나누고 있어 우리도 합류하였다. 현대자동차에 근무하시는 2분, 대구문화원장, 부산 고신대 의대생 2명, 그리고 우리와 민박집 사장님. 그렇게 우리는 밤이 늦도록 시간 가는 줄도 모르고 이야기꽃에 빠졌다. 여행의 묘미 중의 하나가 낯선 사람들과의 만남이 아니던가. 이야기꽃 속에 파리에서의 마지막 밤이 깊어만 갔다.

파리를 떠나는 날

떠나는 날이다.
어찌 시간이 이리도 빨리 지나가는지.
콩나물국으로 아침 해장을 했다.
주인 오 사장님과 이모님, 대구 알리앙스 원장님이
거실에서 한담을 나누고 있다.
우리는 지금껏 살았던 동네, 라플라스 상트르에 나가
프랑프리(franprix)에서
민박집 사장님과 이모님께 드릴 선물을 골랐다.
와인과 영양크림.
떠나는 날, 민박집에선 점심은 없다.
그래서 상트르에 있는 일본 식당에서 연어 세트 메뉴를 시켜
파리에서 최후의 만찬을 즐겼다.
조그마한 시골 동네 식당 같지 않게 음식이 정갈하고 맛있다.
민박집 사장님과 이모님께 작별 인사를 하고
정들었던 민박집을 나섰다.
어디 갔다 라플라스 역에 내리면 고향에 온 듯 늘 푸근했다.
오후 1시 8분, 드골 공항 행 RER를 탔다.
45분 걸려 공항에 도착했다.
비행기를 보니 떠나야 한다는 게 실감이 났다.
출국 수속을 밟기 전,
먼저 여유 있게 에스프레소 한 잔을 마셨다.
출국 수속은 자동기계에서 했다.
이티켓 번호를 입력하고 여권을 넣으니
탑승권과 짐 꼬리표가 자동 출력되어 나왔다.

가방에 짐표를 달고 줄을 서서 출국 수속을 했다.
생각보다 빨리 수속을 마쳤다.
출국심사를 마치고
면세 구역에서 아이쇼핑을 하며 시간을 보냈다.
탑승구 앞 스낵코너에서 간단히 저녁식사를 했다.
책을 읽으며 탑승 시간을 기다렸다.

민박집 후원에서 민박집 사장님과 함께

비행기를 기다리며

여행을 마무리 하며

한 달이 넘도록 일상과 동떨어져 흐르는 강물처럼
발칸반도와 프랑스에서 다른 시간이 흐른 것 같다.
시간이 다른 세상에서는
아름다운 풍경과 따사로운 햇살이 우리를 감싸주었다.
발칸반도의 여러 나라들과 프랑스의 문화, 풍습 등을 보며
알아가는 재미도 좋았다.
나에게 쉼표가 되었던 여행에서
나는 수많은 것들을 눈에 담고 가슴에 새겼다.
마음속에 차곡차곡 수북이 쌓여가는 추억들은
훗날 돌이켜보면 행복을 소환하는 주춧돌이 될 것이다.
이제 동화 속 세상에서 현실로 돌아와야 할 시간이다.
여행하는 도중에는 열심히 살아왔던 일상으로부터
잠시 거리를 두고
자유롭게 생각하고 움직이며 그저 여행에만 충실했다.
남프랑스에서 만난 맑고 청명한 하늘,
강렬한 햇빛과 상쾌한 바람은
일상에 찌들었던 지친 여행자에게 미소 짓게 만들고,
온몸의 감각을 일깨워 그동안 잊고 지내왔던 삶에
설렘과 도전을 불어넣어 주었다.

여름 향기 그득 밴 자연을 벗 삼은 여행은
외부에서 자신을 들여다보는 창이 되었다.
내적으로 충만한 시간을 보내며
나에게 더 깊이 귀 기울이고, 더 충실한 대화를 나누며
바빠서 지나친 소중한 것들을 깨닫게 되었다.
발칸반도와 프랑스의 여름 길목에서 마주한 아름다운 일상들은
이렇듯 나의 생각과 삶에 조용하고 깊은 변화를 가져다주었다.
언제나 바쁜 일상을 보내느라 늘 떠남을 바랐던 나는
프랑스 여름에 물든 풍요로운 가슴 가득히 품고
새로운 마음으로 일상으로 돌아가리라.
이제 잘 쉬었으니 다시 일상으로 돌아가
더 열심히, 더 씩씩하게, 그리고 더 알차게 살 수 있을 것 같다.
내가 짓고 사는 마음의 집 정원에 어떤 씨앗을 뿌리냐에 따라
나의 평범한 일상에 뿌려진 씨앗이 어울려
특별한 날을 만들어 간다는 것을 이번 여행은 내게 알려주었다.
일상의 평범함이 어느 순간 특별해질 수도 있다는 것을.
어제, 오늘 아무 일 없는 일상을 설레게 만들 수도 있다는 것을.
이 세상 그 어떤 날도 오늘보다 더 벅차고 아름다울 수는 없다는 것을.

2013년 프랑스 여름에 물든 어느 여름날
홍성애

또 다른 삶을 꿈꾸며

2013년 여름, 발칸과 프랑스를 한 달여 넘게 남편과 함께 여행(프랑스 여행 마지막 2주간은 딸도 합류)하고 난 후 정리해두었던 글들이 7년간이나 컴퓨터 속에서 잠자고 있다가 이번에 비로소 바깥세상으로 나오게 되었다.

2018년 여름부터 아팠던 나는 깊은 수렁에 빠지기 시작했다. 입원을 하고, 수술을 하고 항암치료와 방사선치료를 하며 투병생활을 하기 시작했다. 엎친 데 덮친 격으로 2019년 3월, 원인 모를 바이러스의 감염으로 인한 급성 심막염이 찾아와 응급실에 갔지만 극심한 통증으로 나는 혼수상태에 빠졌고, 그 사이 이승과 저승을 수차례 오갔다. 얼마나 시간이 지났을까? 그렇게 사경을 헤매다 눈을 떴을 때 남편은 걱정스럽고 애절한 눈빛으로 나를 지긋이 바라보고 있었다. 그리고 '고생했다'며 내 두 손을 꼭 잡아주었다. 남편의 손에서 따뜻한 온기가 느껴졌다. 남편의 애절하고도 간절한 기도와 소망이 저승 문턱까지 간 나를 이승으로 되돌려 왔을지도 모르겠다. 뼈를 깎아내리고 숨쉬기조차 힘든 통증이 엄습했을 때는 '이렇게 사느니 죽는 게 낫겠다'는 생각을 했었는데 나를 지그시 바라보고 있는 남편을 본 순간 남편과 딸들을 위해서라도 꼭 살아내야겠다는 생각이 들었다.

심막염 치료로 인해 항암치료와 방사선치료가 미뤄졌다. 심막염 치료를 받고 좀 좋아졌다 싶을 때면 심막염이 또 다시 재발하기를 몇 번.

응급실을 오가며 겪지 않아도 될 통증과 고통을 다 맛 본 것 같았다. 이런 나의 고비를 지켜보면서 남편은 급속도로 살이 쭉 빠졌다. 아픈 사람을 지켜본다는 것이 아픈 사람 못지않게 얼마나 괴롭고 힘든 일인지 충분히 감지할 수 있었다.

6개월 간의 요양병원 생활을 마치고 집으로 퇴원을 해서 투병생활을 하던 중, 면역력이 약해져 바이러스 감염 때문에 밖에 나가서 다른 사람들과 함께 어울릴 수 없음은 나를 더 우울하게 만들었다. 남편도, 딸도 학교를 가고 나면 홀로 덩그렇게 집에 남아 예전처럼 일을 할 수 없음을 한탄했다. 이런 내게 남편은 우리가 지금까지 여행했던 추억을 되살려 글을 한 번 써보라고 제안했다. 평소 여행할 때마다 써두었던 여행기를 매번 정리하고 싶었으나 바쁘다는 핑계로 이제껏 미뤄두었던 나는 남편의 제안에 귀가 솔깃해졌다. 집에서 투병생활을 하면서 내가 할 수 있는 일을 찾은 것 같아 매우 기뻤다.

2013년 프랑스 여행기를 정리하면서 그동안 지나온 일을 되새겨 볼 수 있는 기회를 가질 수 있어서 좋았다. 그때 여름휴가를 보내고 나서 몸과 마음이 회복되면서 일상의 소중함을 깨닫고, 다시 일상으로 복귀해서 좀 더 열심히 살아가고자 하는 의지를 엿보았다. 또 내가 얼마나 행복한 시간을 보내며 살았는지, 나의 정체성을 잃지 않으려고 얼마나 애를 썼는지, 일상에 충실하려고 얼마나 노력을 했는지 나를 들여다 볼 수 있어 좋았다. 지금의 내가 과거의 나를 들여다보면서 비록 지금 힘들다 하더라도 마음을 더 굳게 먹고, 더 열심히 살아야겠다는 생각을 했다. 언제나 힘들어 하는 내게 온화한 미소와 사랑으로 손을 내밀며 용기와 격려를 아끼지 않는 사랑하는 남편과 딸들, 그리고 가족들에게 감사하는 마음을 보답하기 위해서라도.

2020년, 세계의 모든 사람들이 코로나19로 발이 묶였다. 특히, 나 같은 고위험군 환자는 평상시에도 문밖출입이 자유롭지 못한데 코로나로 인해 바깥세상은 더더욱 먼 나라가 되어버렸다. 그래서 나는 지금

인생에서 잠시 여름휴가를 보내고 있다고 생각하기로 했다. 얼마 전까지 평범한 일상을 살아가면서 여름휴가를 잘 보내고 나면 에너지를 듬뿍 얻어 삶의 의지를 불태웠던 것처럼, 이번에도 인생의 여름휴가를 투병 생활이 아니라 즐겁게 여행한다는 기분으로 범사에 감사하며 하루 하루를 잘 견디면서 충실히 살아간다면 내게도 예전처럼 새로운 일상으로 돌아갈 수 있는 또 다른 삶이 찾아오지 않을까?

아프기 전과 아픈 이후의 삶에 많은 변화가 생겼다. 아픈 이후에는 혼자 있는 시간이 많다 보니 책보고, 사색하고, 글 쓰는 시간이 많아졌다. 이렇게 변화된 삶의 환경을 백분 활용하여 예전에는 상황이나 관계에서 어쩔 수 없이 끌려가던 삶에서 이제는 내가 주도하면서 내 삶을 긍정적으로 이끌어 간다면 병으로부터 자유로워 질 날이 곧 찾아올 것이다.

2020년 일 년 중 가장 푸르고, 높고, 맑은 하늘을 품은
어느 멋진 가을날
홍성애

Saint-Michel

또한번의 프랑스

2020년 12월 15일 인쇄
2020년 12월 19일 발행

저자 | 하영동·홍성애
발행인 | 정병석
발행처 | 마로니에

등록 | 1981. 5. 21. 제53호
주소 | 61186 광주광역시 북구 용봉로 77
전화 | (062) 530-0571~3 팩스 | (062) 530-0579
홈페이지 | http://www.cnup.co.kr
이메일 | cnup0571@hanmail.net

값 17,000원

ISBN 978-89-6849-753-7 (03980)

이 도서의 국립중앙도서관 출판예정도서목록(CIP)은
서지정보유통지원시스템 홈페이지(http://seoji.nl.go.kr)와
국가자료종합목록 구축시스템(http://kolis-net.nl.go.kr)에서 이용하실 수 있습니다.
(CIP제어번호 : CIP2020052043)